陪 伴 女 性 终 身 成 长

10秒
矫正孩子
驼背

[日] 小林笃史 著

崔斌 译

天津出版传媒集团

天津科学技术出版社

读者须知：医学是随着科学技术的进步与临床经验的积累不断发展的。本书中所述的知识与各项建议均是作者结合自己的专业和多年的经验审慎提出的，但图书不能替代医疗咨询。因本书相关内容可能造成的直接或间接不良影响，作者和出版方均不予担责。

10BYOU DE NAORU! KODOMO NO NEKOZE-NOBASHI
by Atsushi Kobayashi
Copyright © 2022 Atsushi Kobayashi
Original Japanese edition published by KANKI PUBLISHING INC.
All rights reserved
Chinese (in Simplified character only) translation rights arranged with
KANKI PUBLISHING INC. through Bardon-Chinese Media Agency, Taipei.

天津市版权登记号：图字02-2023-145号

图书在版编目（CIP）数据

10秒矫正孩子驼背 /（日）小林笃史著；崔斌译. -- 天津：天津科学技术出版社，2023.8
ISBN 978-7-5742-1467-5

Ⅰ.①1… Ⅱ.①小… ②崔… Ⅲ.①儿童—身体形态—矫正 Ⅳ.① G804.4

中国国家版本馆 CIP 数据核字 (2023) 第 145727 号

10秒矫正孩子驼背
10 MIAO JIAOZHENG HAIZI TUOBEI

责任编辑：张建锋
责任印制：兰　毅

出　　版：	天津出版传媒集团 天津科学技术出版社
地　　址：	天津市西康路35号
邮　　编：	300051
电　　话：	(022)23332400
网　　址：	www.tjkjcbs.com.cn
发　　行：	新华书店经销
印　　刷：	天津联城印刷有限公司

开本 880×1230　1/32　印张6　字数 80 000
2023年8月第1版第1次印刷
定价：58.00元

经常看手机、打游戏,

学习时习惯用胳膊肘撑在桌子上或者经常托腮,

头和肩膀不自觉前倾……

这些不良习惯,很容易造成驼背。

你也是因为孩子的驼背而烦恼,

才买下这本书的吧!

生活在当今社会的孩子们,
受周围环境的影响,
很容易 **习惯性驼背。**

- 经常使用手机、电脑
- 经常玩电子游戏
- 缺乏锻炼,导致肌肉和韧带力量不足
- 以沙发为中心的生活方式
- 沉重的书包

……

即使一遍一遍提醒孩子**"把背挺直"**,
也很难让他们立刻改变驼背的习惯。

如果孩子的驼背没有得到及时矫正,就会
影响长高,
肩膀僵硬、腰痛、脖子痛,
运动能力下降,
身体疲倦、毫无干劲,
变得焦虑不安,
导致学习成绩很难提升,
个人形象也会受到影响!

不过各位家长不用担心,通过本书介绍的方法,
只需 10 秒 就能矫正孩子的驼背。
书中介绍的方法简单、易上手,
孩子尝试后肯定会主动要求
"做那个拉伸吧"!

> 实践 3 周后,孩子与家长的反馈

以前弯腰驼背像老奶奶,现在腰杆挺得笔直!

孩子:做背部按摩、拉伸时非常开心!

家长:以前孩子腰曲过大、肚子前凸,现在得到了改善;原来坐姿像驼背的老奶奶一样,现在腰杆挺得笔直,还长高了一点。每天拉伸和按摩的时间成了亲子互动的美好时光,我和孩子都很开心。

R.K 幼儿园小班

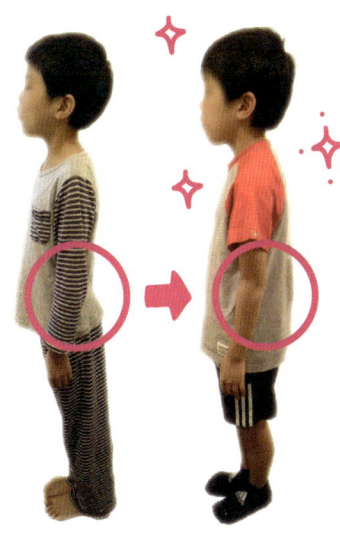

腰曲过大得到了改善!

今后也要坚持下去!

孩子:刚开始觉得有点不好意思,现在每天早上妈妈帮我按摩背部时,我都很开心!

家长:现在提醒孩子挺直腰背,他们也不会不高兴了。我家两个孩子年龄也不小了,只要告诉他们按摩的要点,姐弟俩就可以互相按摩。希望他们今后也能一直坚持下去。

K.D. 小学四年级

能自觉保持良好的姿势了!

孩子:一开始觉得每天都要按摩、拉伸很麻烦,不过每个动作很快就完成了,并不吃力。之前总被说"姿势不对",但并不知道该怎么办,现在能自觉保持良好的姿势了。

K.Y. 初中二年级

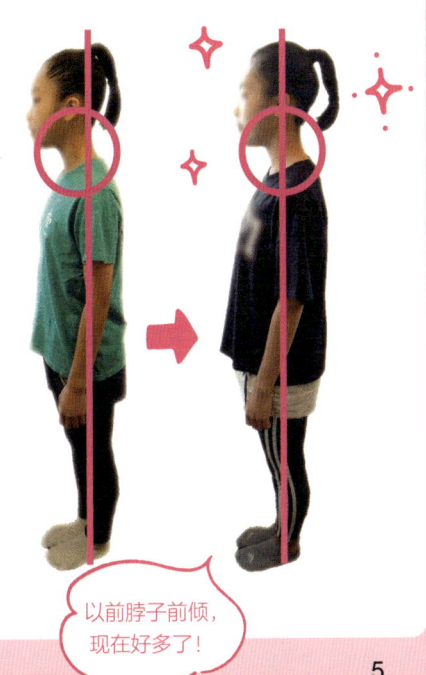

以前脖子前倾,现在好多了!

实践 3 周后，孩子与家长的反馈

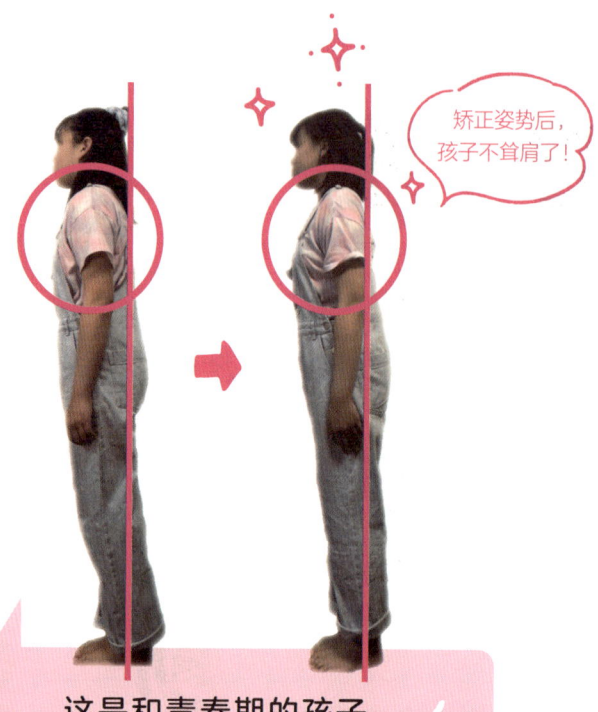

矫正姿势后，孩子不耸肩了！

这是和青春期的孩子亲密相处的好机会！

家长：孩子处在青春期，我不知道该如何与她相处。现在每天和孩子互相按摩，矫正姿势，虽然时间很短，但很开心，这段时间也是我们亲密相处的好机会！

H.I. 小学六年级

比去医院要简单,今后也能坚持。

孩子：与妈妈亲密相处的时间很开心。以前觉得她总是陪着弟弟，现在妈妈也能陪我，我非常开心。

家长：之前忙的时候没有时间陪她，这个按摩为我们创造了亲子互动的时间，真是太开心了！我也认识到了亲子相处的重要性，我会继续坚持下去。现在孩子写字的姿势还没纠正过来，但我会继续帮她改善。

F.S. 小学二年级

矫正驼背后孩子长高了！

家长：矫正驼背后，感觉孩子长高了。此外，孩子明显变得更加积极、开朗了！按摩背部很简单，随时随地都能做，我每天都会帮他按摩一会儿。孩子也会主动要求我帮他按摩。

S.S. 小学一年级

肩膀和手臂向外打开，圆肩驼背得到了改善！

前言

◆ 小学生的姿势像"僵尸"一样……

大家好,我是小林笃史。我在日本神奈川县经营着3家专门矫正姿势的整骨院[1],主要从事与姿势矫正相关的研究,开发相关产品,并培养体态专家,普及各种与姿势相关的知识。

一位女员工说她去参加儿子的小学毕业典礼时,发现很多孩子看起来都特别僵硬,走起路来像"僵尸"一样……

---

[1] 日本医疗机构的一种,里面的整骨师都是取得国家资格证书的柔道整骨师。柔道整骨师属于医疗人员,国家给予独立开业资格,可接诊相关患者。

因为职业的关系，我们对体态比较敏感，不仅是家人，即便是擦肩而过的路人我们也会注意到他们的体态。

和这位女员工一样，我发现我家孩子的体态也有问题。

那是在我大儿子的初中毕业典礼上。当主持人发出"毕业生入场"的指令时，我看到孩子们入场时的样子，感到很意外。

他们的双手有气无力地下垂着，走路时腿伸不直，脚步摇摇晃晃，脖子前倾，两眼无神地看向斜下方，真的犹如"僵尸"一般。

我本以为在毕业典礼这样重要的场合，孩子们会昂首阔步、斗志昂扬地入场。看到这样的场景，我感到十分惊讶。

作为家长，我们究竟能为孩子做些什么呢？以此为契机，我写下了这本书。

◆ 只是嘴上提醒并不能矫正孩子的驼背

我们整骨院就儿童驼背的现状做了一个问卷调查，调查对象是带孩子来院就诊的家长顾客，共有150人参与。

前言

对于"是否担心孩子体态不良"这个问题，48.7%的家长回答"非常担心"或"担心"，比例几乎达到一半。再加上"有点担心"的人数，比例达到74.7%，接近80%。

可见，为孩子驼背而困扰的家长不在少数。

驼背并不只是影响外观，还会影响身高的增长速度、运动能力乃至大脑的生长发育，甚至还可能导致腰痛、肩膀僵硬等身体不适。

很多家长担心孩子以后弯腰驼背、体态不好，反复提醒孩子"不要驼着背""把背挺直了"。

可遗憾的是，只是嘴上提醒，并不能矫正孩子的驼背。因为提醒孩子的时候，他们虽然会立即把背挺直，但一会儿就又忘了。看到这种情况，家长只会变得更加焦虑。那该如何帮助孩子矫正驼背呢？

◆ 给孩子创造能够轻松保持良好体态的环境

为什么孩子会出现不良的体态呢？简而言之，是因为松松垮垮的姿势更舒服。

大人能意识到保持良好体态的重要性。可孩子总是凭本能行事，他们根本无法意识这一点。就像猫和大猩猩等也本能地喜欢弓着背一样。

==也就是说，只有意识到保持良好体态的重要性，孩子才能自觉保持正确的姿势。==但孩子正处于本能驱使的阶段，即使家长要求他们保持正确的姿势，也没有任何效果。

那么，到底该如何做才能让孩子挺直腰背呢？

我认为==最关键的就是创造能够让孩子轻松保持正确姿势的环境。==

孩子想要追求舒服，才会出现不良姿势。也正是因为孩子处于"不舒服""憋屈""痛苦"的环境中，才无法维持正确的姿势。==只有创造能够轻松保持正确姿势的环境，==

前言

才能让孩子挺直腰背，保持良好的体态。

当今生活中，隐藏着很多无法让孩子保持良好体态的因素。比如一直坐的椅子或穿的衣服有问题等。

在这样的环境之下，让孩子懂得如何正确地活动身体很重要。如果孩子能主动意识到要保持正确的姿势，那么就能自然地养成良好的姿势习惯。

下面我来介绍一下大人和孩子都能轻松掌握的改善驼背的方法吧!

本书将从以下两个方面来解决孩子驼背的问题。

一是通过**矫正驼背的10秒伸展运动**来调整姿势、改善驼背。本书介绍的都是**简单易懂、一学就会**的伸展方法，让家长和孩子能够轻松坚持、随时随地都能完成。

二是**创造环境**，尽可能消除让孩子驼背的因素，给孩子创造能够轻松保持正确姿势的环境。

良好的体态对孩子的成长至关重要，我希望本书能够帮助孩子养成受益一生的好习惯!

矫正孩子驼背的方法

早上出门前，按摩背部，立刻让背挺直 晚上睡觉前，做一做矫正骨盆倾斜和轻松伸展背部的亲子拉伸

参考 P035

参考 P057—058、P060—061

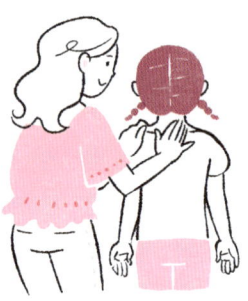
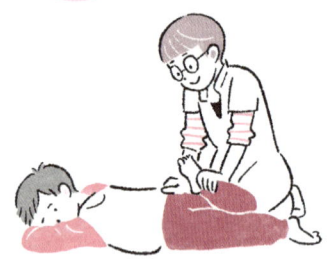

养成不易驼背的良好生活习惯，创造能轻松保持正确姿势的环境  **彻底告别驼背**

参考
第4章、
第5章

第1章
隐藏在日常生活中的驼背习惯

驼背习惯确认表......003

驼背的原因在于骨盆,而不是肌肉......005

为什么会骨盆倾斜......011

缺乏自信的孩子容易驼背......018

驼背可以通过一定的方法矫正......023

专栏1 驼背的坏处有哪些......026

第2章
早上按摩10秒，背部马上就能挺直

早上按摩10秒，就能让背挺直......035

矫正驼背的最佳年龄......039

保持良好体态的7大好处......044

第3章
矫正驼背的亲子拉伸

确认孩子骨盆倾斜的类型......051

快速矫正骨盆倾斜的亲子拉伸......055

轻松伸展背部的亲子拉伸......059

把每晚的3分钟作为亲子互动的良好时机......063

第4章
让孩子保持正确姿势的7个生活习惯

习惯1　抓住1个关键点，就能保持正确的学习姿势......069

目录

- 习惯2 使用电脑时不驼背的方法......073
- 习惯3 使用手机的正确姿势是托着胳膊......077
- 习惯4 大步走路......079
- 习惯5 如果一定要跷二郎腿,那就左右交替......082
- 习惯6 善用围巾防寒保暖......085
- 习惯7 不要吃撑......088

第5章

创造避免孩子驼背的7大环境

- 环境1 告别驼背!如何给孩子选椅子......093
- 环境2 调整双肩包的用法,改善驼背......099
- 环境3 利用睡觉时间矫正驼背......104
- 环境4 挑选枕头要结合孩子习惯的入睡姿势......111
- 环境5 衣着也会影响体态......114
- 环境6 鞋子一定要合脚......117
- 环境7 为孩子挑选合适的自行车......121
- 专栏2 改善体态的产品,真的有效果吗......125

第 6 章

预防"手机脖"的颈椎操!让孩子从小做起来

预防"手机脖"的小鸡操、海狮操与青蛙操......131

预防驼背、促进长高的3种基本运动......139

第 7 章

如何帮助孩子有效预防驼背

家长驼背,孩子也容易变成驼背......145

驼背是反映心理的镜子......150

如何与孩子相处,才能不让孩子变成驼背......152

矫正驼背的最佳时机也许并不是现在......156

先从"挺起胸膛"开始......159

后记......161

第 1 章

隐藏在日常生活中的驼背习惯

受当下生活方式的影响,我们很容易在日常生活中形成驼背的习惯。本章我将为大家介绍驼背形成的原因以及驼背对身体健康的影响。

第 1 章 隐藏在日常生活中的驼背习惯

驼背习惯确认表

你家孩子是否有以下习惯或姿势呢?

- ☐ 经常坐在地板上看电视或看书。
- ☐ 经常双腿并拢倒向一侧坐着,也叫"人鱼坐"。
- ☐ 习惯靠在椅背上坐着。
- ☐ 常常躺在沙发上无所事事。
- ☐ 躺在沙发上时把沙发扶手当枕头。
- ☐ 经常低头看平板电脑或手机。
- ☐ 走路呈内八字。

如果你家孩子符合3条以上，很可能已经形成了不好的姿势习惯。也许有的家长会觉得这没什么值得大惊小怪的，谁家孩子不是这样呢？

可是，==正是这些日常生活中的常见习惯，潜移默化地影响了孩子，让他们变成驼背。==本书中将这些习惯称为"驼背习惯"。

可能很多家长会感到费解，为什么"驼背习惯确认表"里的习惯或姿势容易让孩子形成驼背呢？接下来我将具体介绍驼背形成的原因以及驼背与生活习惯之间的关系。

只要充分了解驼背形成的原因，就很容易理解本书中介绍的拉伸方法，并有效利用这些方法预防驼背。

第 1 章　隐藏在日常生活中的驼背习惯

驼背的原因在于骨盆，而不是肌肉

很多家长认为孩子驼背的原因是躯干肌肉的力量不足，因此只要锻炼背肌和腹肌，就能保持背部挺直了。

有些孩子变成驼背的确是因为肌肉力量不足，可是，**并不是锻炼好肌肉就一定不会变成驼背。**

我做健身教练时，曾遇到过这样一件事。

有位顾客非常在意自己的驼背，便想通过锻炼背肌来改善。经过一段时间的肌肉训练后，他的背肌确实锻炼得特别发达，然而驼背并没有得到矫正。他只是变成了一个背肌发达、看起来很强壮的驼背人。

◆ 驼背的原因在于骨盆

形成驼背的根本原因是骨盆倾斜。

骨盆是连接躯干和下肢的骨结构。具体来说，骨盆是由骶骨、髋骨和尾骨等多块骨骼构成的，为方便大家理解，本书中将这些部位统称为"骨盆"。

骨盆是上半身与下半身的连接部位，保持着全身的平衡。骨盆前倾或后倾，都会影响脊柱的形态。

下面我将详细介绍脊柱与骨盆的构造和功能，大家可参考第008页的"脊柱与骨盆的结构"，以便更好地理解。

脊柱从头部开始，分为5个部分，分别是颈椎、胸椎、腰椎、骶骨和尾骨。它从侧面看就像一个S形的曲线，与骨盆连接在一起。脊柱呈S形的生理性弯曲，有助于分散头部的重量，从而有力地支撑身体。此外，这一结构还有助于减轻走路、跑步等身体运动造成的冲击。

第 1 章 隐藏在日常生活中的驼背习惯

脊柱与骨盆的结构

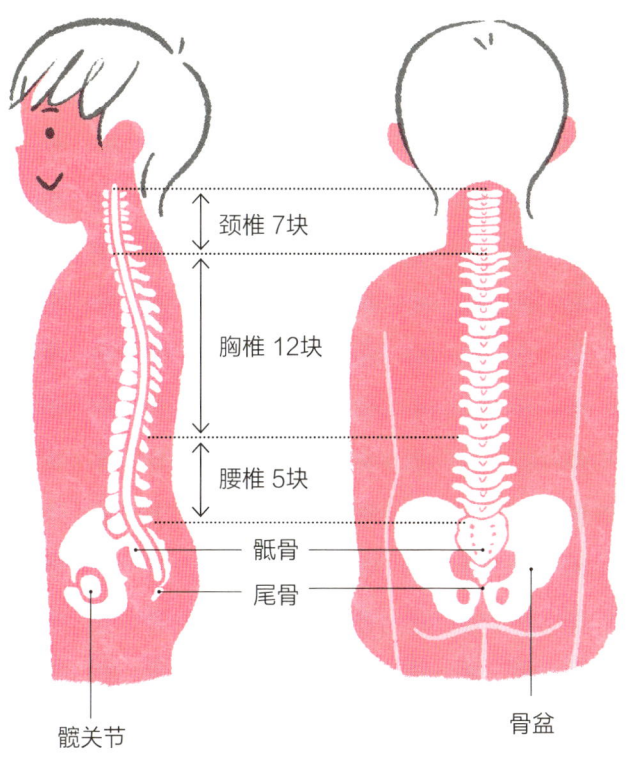

◆ 骨盆倾斜就会导致驼背

骨盆倾斜,一般来说有以下2个方面的原因:

1. 客观原因

由先天性因素造成的髋关节脱位等,会导致下肢长短不一,进而出现骨盆倾斜。

2. 主观原因

走路姿势、坐姿或站姿不正确,喜欢翘二郎腿,习惯背单肩包,缺乏运动等后天性因素也会导致骨盆倾斜。关于具体原理,后文会作相关介绍。

无论是骨盆前倾还是骨盆后倾,都会导致驼背。

骨盆前倾会导致脊柱原本的S形弧度加大,从而形成驼背。

由骨盆前倾造成的驼背,特征是腰曲过大、臀部后翘。而且,骨盆与大腿连接处的髋关节容易内旋,双脚容易呈内八字。

相反,骨盆后倾时,脊柱原有的S形弧度会变小,头颈

第 1 章　隐藏在日常生活中的驼背习惯

前倾，也会形成驼背。

由骨盆后倾造成的驼背，特征是臀部凹陷，膝盖弯曲，双脚容易呈外八字。

当骨盆前倾或后倾时，脊柱就会往相反的方向倾斜以保持身体平衡，从而引发高低肩、身体左右侧肌肉不平衡，各处关节也会失去平衡。这种变化的表现之一就是驼背。

骨盆前倾型（左）与骨盆后倾型（右）

骨盆前倾型

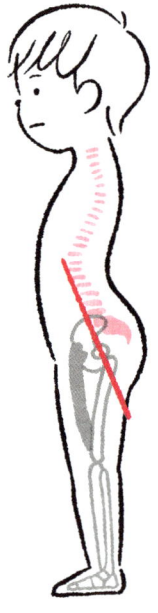

- 臀部后翘
- 腰曲过大
- 双脚内八字
- 大腿前侧的肌肉变得僵硬

骨盆后倾型

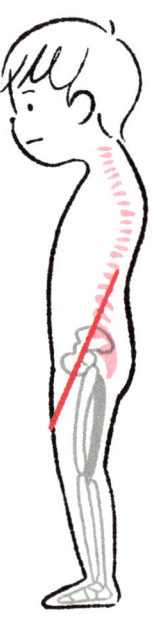

- 臀部凹陷
- 膝盖弯曲
- 双脚外八字
- 大腿后侧的肌肉变得僵硬

第 1 章 隐藏在日常生活中的驼背习惯

为什么会骨盆倾斜

骨盆保持端正是正常状态。如果能让骨盆保持端正，就不会形成驼背。

那么，为什么骨盆会倾斜呢？下面我将进行详细的介绍。

支撑骨盆保持端正的是髋关节及其前后的肌肉。

髋关节位于骨盆与大腿的连接处，是大腿根部的关节。身体前倾、盘腿坐、张开腿时会用到这个关节。

支撑骨盆前侧的是连接腰椎、骨盆和髋关节的髂腰肌，以及大腿前侧的股四头肌。支撑骨盆后侧的则是臀部的臀大肌，以及大腿后侧的腘绳肌。

如果髋关节及其周围的肌肉能够保持平衡，骨盆就能保持端正。而如果髋关节无法正确地发挥作用，或前后肌肉群失衡，骨盆就很容易倾斜。

◆ 为什么肌肉会变得僵硬

是什么导致髋关节无法正确地发挥作用，导致前后的肌肉群失衡呢？

综合来说，主要有运动不足、长期久坐、髋关节变得僵硬等原因。

经常锻炼，肌肉和关节附近的韧带的柔韧性就会增强。而如果缺乏锻炼，关节与肌肉就会变得僵硬。

长期运动不足或久坐，肌肉和关节附近的韧带就会变得越来越僵硬。特别是久坐会使髋关节及其周围的肌肉长期处于僵硬状态，从而影响髋关节的正常活动。

如果长时间保持一个姿势坐着，站起来活动时，人就会感到各处的肌肉与关节很不舒服。之所以会感到不适，是因为肌肉与关节变僵硬了。如果经常出现这种情况，关节的活动就会受到限制。

髋关节一旦变得僵硬，就无法很好地控制骨盆前侧的肌肉，进而导致骨盆前倾。 驼背的孩子中约80%是骨盆前倾型，这与他们平时缺乏运动、长期久坐导致的髋关节变僵硬有很大的关系。

髋关节变得僵硬、无法很好地活动，就会导致人体动用其他部位来代偿，使得髋关节越发得不到锻炼，进而陷入一种恶性循环。

骨盆前倾型（左）与骨盆后倾型（右）

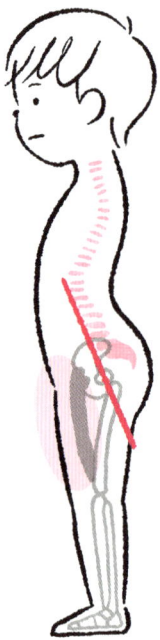
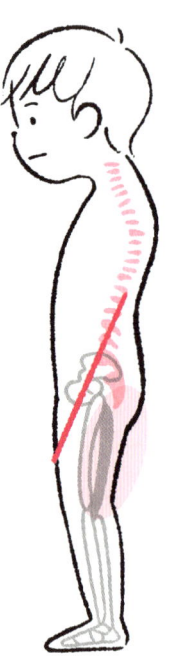

大腿前侧的肌肉变得僵硬　　　　臀部及大腿后侧的肌肉变得僵硬
↓　　　　　　　　　　　　　↓
骨盆前倾　　　　　　　　　　骨盆后倾

第1章 隐藏在日常生活中的驼背习惯

肌肉附着在骨骼上,二者相互依存,一旦某处发生问题,就会导致相连的肌肉或关节出现问题。因此,如果髋关节及其周围的肌肉群出现不适,就会影响骨盆,最终就可能导致驼背。如果还有下页表中的不良习惯,驼背会更加严重。

如今的孩子大多都有久坐的习惯,因此髋关节很容易变得僵硬。此外,运动不足、喜欢窝在沙发上等生活习惯也会导致孩子的骨盆难以保持端正状态,从而引发驼背。

驼背习惯确认表

☐ 经常躺在沙发上无所事事。

☐ 经常坐在地板上看电视或看书。

　→无法保持骨盆端正

☐ 躺在沙发上时把沙发扶手当枕头。

☐ 经常低头看平板电脑或手机。

　→脖子容易前倾

☐ 东西掉落在地上,总是弯腰去捡。

　→容易导致髋关节僵硬,背部弯曲不容易恢复

☐ 坐下的时候双腿并拢并倒向一侧,也叫"人鱼坐"。

☐ 习惯靠在椅背上坐着。

☐ 走路呈内八字。

　→容易导致骨盆倾斜

第 1 章　隐藏在日常生活中的驼背习惯

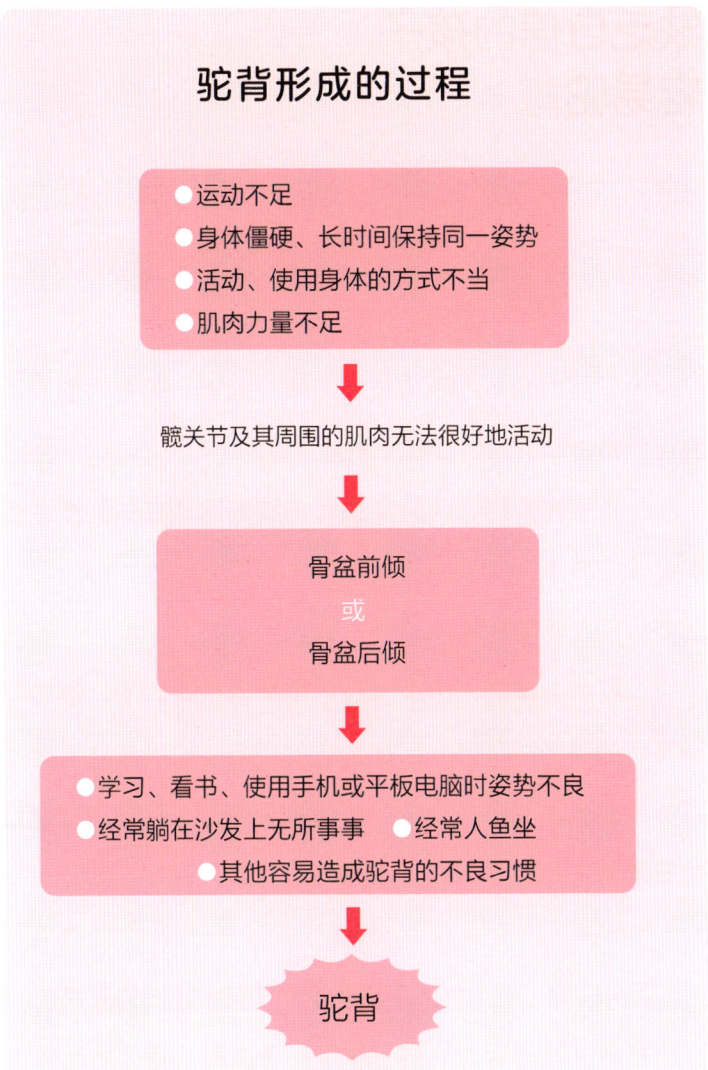

缺乏自信的孩子容易驼背

除了前面介绍的不良生活习惯等因素,驼背的形成还有可能是由以下原因直接或间接造成的。

一是 患有哮喘、心脏疾病等与胸部活动有关的慢性疾病。人在咳嗽或呼吸困难时身体会不自觉前倾,形成弯腰的姿势,也就是驼背。

人难免会咳嗽,出现弯腰的姿势也是暂时的,但患有慢性病的孩子尤其容易出现弯腰的姿势。如果这种情况一直持续,就容易形成驼背。而长期保持驼背姿势,肌肉和关节就会变得僵硬。

另外,除了罹患疾病,缺乏自信的孩子也容易驼背。

充满自信与活力的孩子总是昂首挺胸,身体的动作也

第 1 章　隐藏在日常生活中的驼背习惯

十分舒展。而缺乏自信的孩子往往会佝偻、蜷缩着身体。可以说，姿势是一个人心理的外在表现。

2006年，我刚刚开设整骨院后不久，发生了一件令我至今都难以忘怀的事情。也正因为这段难忘的经历，我才下定决心坚持从事驼背矫正的事业。

当时一个高中三年级的女孩因为头痛、肩膀僵硬严重，早上起不来床，被妈妈带来看诊。

一看到这个女孩，我立刻就觉得她的这些症状是驼背引起的。因为她表现出来的种种身体不适与驼背引起的症状十分吻合。

如果驼背得以矫正，那她的身体状况也能得到改善，而这个女孩驼背的原因一目了然：她个子非常高。

我向她解释了驼背会对身体造成的不良影响，果然不出所料，她说道："但是我个子太高，坐电车的时候特别显眼……"

也就是说，她因为自己个子高、太显眼而感到自卑，于是形成了弓背、蜷缩身体的不良习惯，久而久之就变成了驼背，进而引发了身体的种种不适。她缺乏自信，从驼背的姿势就能清楚地看出来。

◆ 由心理原因造成的驼背仅靠身体方面的治疗没有明显效果

我认为，要改善她的驼背状态，必须从身体和心理两方面进行治疗。即不仅要缓解身体的僵硬，还要帮助她打开心结。经过一段时间的治疗，我发现她渐渐变得自信了，脸上的笑容也明显增多了。

后来她的驼背症状得到了很好的改善，早上也能正常起床了，之后便不再需要进行治疗了。在最后一次来整骨院时,她说了一句话让我至今记忆犹新。

"要是没有接受治疗,之前那种状态再持续下去,我觉得我就得留级了。"

◆ 驼背矫正要重视心理和身体两方面的因素

说到"驼背矫正",家长往往只关注孩子身体上的问题。可是,也有不少孩子的驼背是缺乏自信等心理因素造成的。

==如果是由心理原因造成的驼背,那么无论如何调整身体的姿势,导致驼背的心理问题仍然没有得到解决,也只是治标不治本。== "低头""蜷缩着身体""耸肩""弓背"等驼背的不良习惯仍然会持续。最终,驼背矫正也无法取得很好的效果。

因此,当孩子驼背时,不仅要从不良姿势等方面找原因,也要重视孩子心理方面的问题。家长不妨和孩子坦诚地交流,找到驼背的真正原因。

从身体与心理两方面进行治疗,才是改善驼背的最佳方法。驼背与心理的关系我将在第7章进行详细介绍。

第 1 章　隐藏在日常生活中的驼背习惯

驼背可以通过一定的方法矫正

前面我也介绍过,日常生活中有很多容易让孩子形成驼背的因素。

经常久坐、长时间运动不足等生活方式,会让髋关节等各处的关节与肌肉变得僵硬,进而引发驼背。

也就是说,做到不驼背本身就很难。

现在越来越多的孩子从小的生活方式就和大人一样,因而驼背也渐渐低龄化了。

如果任其发展,那孩子们几乎都会变成驼背。因此,家长要尽可能帮助孩子从小预防驼背。

◆ **不要期待孩子的理性和自觉**

孩子总是会辜负家长的期待。在改善驼背这一点上也不例外。

孩子缺乏理性和自觉性，意识不到"这件事对身体不好，不该做""那件事对身体好，要坚持做"。即使大人千叮咛万嘱咐，除了个别乖巧听话的孩子，一般一会儿他们就忘得干干净净了。

那么，该如何帮助孩子矫正驼背呢？

方法其实很简单。首先，找到能让孩子感到开心的方法，让他们愿意主动矫正不良体态。

其次，提供能让孩子轻松保持正确姿势的环境和方法。

接下来我将会介绍一些能够让孩子更乐于接受的拉伸方法，帮助

第1章 隐藏在日常生活中的驼背习惯

孩子轻松矫正骨盆倾斜，从而改善驼背。这些拉伸方法非常适合亲子一起完成。相信在亲身实践后，孩子一定会感觉很舒服、每天都想拉伸。

此外，我还会向各位家长介绍如何创造能够让孩子轻松保持正确姿势的环境。无须花费太多的时间，也不需要昂贵的费用，方法简单易上手，孩子一定能够轻松完成并长期坚持，彻底告别驼背。

那么，接下来家长不妨和孩子一起亲身实践一下第2章介绍的拉伸方法，感受神奇的拉伸效果吧！

驼背的坏处有哪些

相信很多家长都知道驼背会引发肩膀僵硬、腰痛等各种身体问题。

不过,驼背可能引发的问题绝不只有这些。处于成长发育中的孩子一旦变成驼背,问题恐怕远比大人想象的还要多。

影响长高

长骨生长需要同时满足两个条件。一是骨骼上下两端的软骨部分——生长板不断生长并骨化;二是骨头在生长的同时,周围的肌肉和关节能够顺利得到伸展。

一旦驼背,肌肉和关节就会变得僵硬,骨骼的生长发育也会受到限制。

而且,由于地球引力的作用,人的脊柱会承受向下的压力,一旦驼背的话就更不容易长高了。

容易引发肩膀僵硬、腰痛、颈椎痛等不适

我在前面介绍过,髋关节及其周围的肌肉群失衡会导致骨盆倾斜,从而形成驼背。如果连接躯干和下肢的骨盆、髋关节不稳定,身体就会自发矫正这种变形和重心失衡,导致身体出现各种问题。

而这些问题便会以身体疼痛或其他各种不适的形式体现出来。无论大人还是孩子都是这样。

虽然与大人相比,孩子身体的柔韧性更好,他们更难感知身体的疼痛,但最近有不少小学生出现肩膀僵硬或颈椎疼的问题。

这种疼痛并不是某天突然发生的,就像不断往杯子里注水一样,即便水超出杯口一定的高度也不会溢出,可一旦突破水的表面张力,某一滴水落下时,杯中的水就会迅速溢出来。

同理,驼背导致的不良影响不断积累,最终可能就会

在5年或10年后的某一天,以疼痛等形式表现出来。

影响运动能力

驼背不仅会导致疼痛问题,还会导致身体失衡,从而出现活动受限的情况。

例如,体态良好的孩子举起双臂时,胳膊能贴着耳朵。可是,很多驼背的孩子无法向上高举双臂。

这种动作受限、可活动范围变小的情况会发生在全身各处。

举一个例子,驼背的孩子在打棒球时,由于肩部的可活动范围变小,因此他们并不能像体态端正的孩子一样将球打到远处。因为肩部无法正常发力,肘部就容易用力过猛,所以久而久之,就会导致肘部出现各种问题。

另外,我们在儿童时期就掌握了正确使用身体的方法。所以,一般来说,成年人如果想要学会年幼时没有掌握的动作是极其困难的。

导致身体慵懒、倦怠、没有干劲

变成驼背后,颈后区与后脑勺容易紧绷、僵硬,从而压迫颈后部的神经。

颈后区与自主神经密切关联。颈后区受到压迫后不仅会导致血流不畅,还会造成自主神经功能紊乱,容易引发身体慵懒、倦怠、干劲不足等问题。此外,驼背的人不能抬头挺胸,还会导致呼吸变浅,久而久之便会陷入慢性缺氧的情况。

这些因为驼背引起的"没来由的不适",即使去医院往往也难以查明原因。

导致心情烦躁、焦虑、易怒

即便没有上面提到的各种身体不适的情况,驼背的孩子在生长发育期间也更容易出现心情烦躁、焦虑、易怒的现象。

如果孩子出现明显的焦虑、易怒,但并非是由大脑、神经发育相关疾病引起的,而孩子又有驼背的情况,那可能就是由驼背引发的自主神经功能失调。

影响学习成绩

想提高学习成绩，平时的刻苦学习和良好的专注力都非常重要。然而，如果驼背导致自主神经功能失调，就会让孩子缺乏学习干劲，变得焦虑、易怒，从而难以专注学习。总是感觉身体哪里不舒服，在这种状态下孩子自然很难全心投入到学习中。

可能有的孩子即便身体不适也会坚持学习。然而，想考取竞争激烈的名校，各科成绩都必须出类拔萃。如果孩子因为驼背而身心出现各种不适，那么即便擅长的学科能取得不错的成绩，在学习不擅长的学科时孩子也会感到力不从心。

影响个人形象

无论大人还是孩子，驼背的人都会给别人留下一种没有自信的印象。

背部挺拔、气宇轩昂的人肯定不会给人留下太坏的印象。如果孩子因为驼背给人留下缺乏自信、形象差等不好的印象，那就真是太可惜了。

而且，如果孩子因为驼背出现本节提到的各种问题，但没有得到及时纠正，那也很难成为一个充满自信的人。

第 2 章

早上按摩10秒,背部马上就能挺直

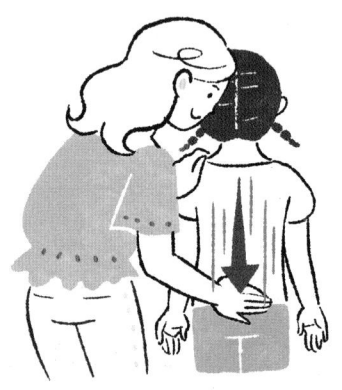

孩子的身体柔韧性好,虽然容易驼背,但矫正的效果也很明显。本章会介绍一些改善驼背的小妙招,家长不妨和孩子一起尝试一下,感受孩子体态的变化!

早上按摩10秒，就能让背挺直

有的孩子会将驼背姿势当作习惯。这种现象叫作"习惯性驼背"。这原本还不是驼背，只是<mark>肌肉与骨骼呈驼背状</mark>。

有一种方法能让孩子从习惯性驼背的状态一下子回到正确的姿势，那就是背部按摩。

这种按摩方法其实特别简单：孩子站立，大人用一只手从上往下"嗖"地用力按摩其背部。<mark>按摩的要点就是用力从上往下"嗖"地迅速按摩。</mark>

矫正驼背的亲子拉伸①
背部按摩

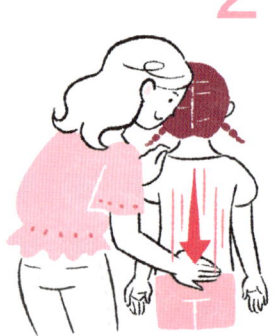

让孩子站立，家长站在孩子的斜后方，将一只手放在孩子的肩膀上，支撑住。

家长用另一只手从上往下"嗖"地迅速按摩孩子的背部，共按摩10次。

要点

- 按摩的范围是从脖子根部到臀部。
- 按摩时用力将手掌按压在孩子的背上，从上往下"嗖"地迅速按摩，手像是往下甩一样。

第2章 早上按摩10秒，背部马上就能挺直

◆ 早上最适合进行背部按摩

背部按摩的方法之所以有效，是因为从上往下按摩后背时，背部的筋膜会回归到正确的位置。

筋膜指的是包绕肌肉、肌群、血管、神经等组织的膜，它遍布整个身体。驼背造成的筋膜错位，可以通过给予皮肤表层外部刺激，使其回归正确的位置。

如下方的插图所示，驼背的孩子，其皮肤与身体的筋膜会整体前倾和下垂。通过背部按摩，前倾和下垂的筋膜能够回归到原位。

从上往下"嗖"地迅速按摩，孩子的背部就会反射性地挺直。这是因为通过按摩给予孩子背部刺激，可以提醒孩子保持良好的姿势。

另外，按摩背部时自然也会触及脊柱。脊柱两侧有很多交感神经节，刺激脊柱时就会激活交感神经。因此，当

给孩子按摩背部时,孩子会感觉神清气爽。

有些孩子在接受过背部按摩后,甚至会主动要求家长给他按摩背部。

不过,这种刺激身体的按摩不适合在晚上进行,最好是在早上孩子去学校前按摩。

做完背部按摩后,孩子肯定会神清气爽、保持良好的姿势,并且心情舒畅地迎接美好的一天。

第2章 早上按摩10秒,背部马上就能挺直

矫正驼背的最佳年龄

孩子的身体尚未发育完全,骨骼与肌肉还处于柔软的状态。通过适当的矫正,完全能够恢复以往的正确姿势。

而且,如果身体柔韧性好,拉伸效果也会更好。

相信各位家长都听说过"黄金年龄"这个词,本书中的黄金年龄指的是孩子身体能力与运动神经显著发育的时期。孩子在这个时期会掌握活动身体与运用身体的方法,为以后的运动打好基础。这个时期孩子们还能在短时间内掌握某些特定的动作与技能,而且能够形成永久记忆。

如果家长想培养孩子的运动能力,一定要意识到"黄金年龄"的重要性。

其实,在矫正驼背时,抓住"黄金年龄"同样也很重

要。孩子驼背的大部分诱因都是不正确的姿势。

◆ 抓住"黄金年龄"帮助孩子矫正驼背吧

一般来说，矫正孩子驼背的"黄金年龄"为5—12岁这个年龄段。不过5—12岁孩子的身体状态差别比较大，所以严格来说，5—9岁是"预备黄金年龄"阶段，9—12岁是"黄金年龄"阶段。这两个阶段都是身体发育的高峰期。

在这两个年龄阶段的孩子如果经常出现运动不足、久坐的问题，以及"驼背习惯确认表"中的习惯，就容易使驼背的身体活动方式形成肌肉记忆。正如第028页介绍的，驼背会导致身体的可活动范围变小，久而久之，本来能够轻松完成的动作也会变得难以完成。

也就是说，在身体发育的黄金年龄，不良姿势等生活习惯会给孩子带来严重的负面影响。

而且，如果放任驼背的状态不管，肌肉和骨骼也会固化为驼背状，最终形成伴随孩子一生的驼背。

虽然成年后也能进行驼背矫正，但由于儿童时期形成的驼背骨骼与肌肉都已固化，矫正起来需要花费很长的时间。即使驼背姿势能够得到矫正，身体往往也会对正确的姿势不适应，导致矫正效果欠佳。

◆ 11岁是矫正驼背的最佳年龄

为了避免形成固化的驼背，最好是在黄金年龄阶段帮助孩子矫正驼背。5—12岁之间有7年的时间，因此家长也不必过于焦虑。

孩子从小学三四年级开始才会有理性的判断和思考，在这之前给孩子按摩背部进行驼背矫正时，有些孩子会嫌麻烦而不愿意配合。而且，孩子进入青春期后，也会出现不愿意、拒绝与家长亲密接触的情况，通过背部按摩进行驼背矫正也会比较困难。

因此，**最适合矫正驼背的年龄是11岁**。孩子从这个年龄开始能够听懂很多道理，也能够理解背部按摩的目的。而且，这时孩子还没有真正进入青春期，不会抗拒与家长亲密互动，对家长说的话相对也比较配合。

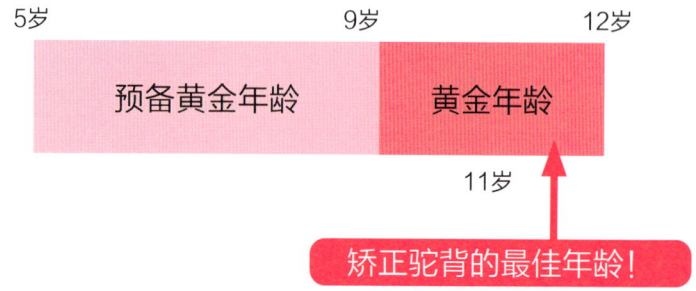

当然，孩子们性格各异，可能有的孩子只在幼儿期会配合家长，也有的孩子即使上初中、高中后也不叛逆，能够积极配合矫正姿势。

11岁归根结底只是一个大致的标准，希望各位家长根据孩子的性格和发育特点找到最适合进行驼背矫正的时间点。

第 2 章　早上按摩10秒，背部马上就能挺直

黄金年龄阶段形成的正确姿势会伴随孩子一生。形成良好的姿势后，骨骼与肌肉也会随之固化，只要后面不养成太顽固的坏习惯，孩子就不会变成驼背。

保持良好体态的 7 大好处

保持良好的体态对孩子有什么好处呢?下面我将一一进行介绍。

好处1　有利于长高

保持良好的体态,肌肉与关节也会随着生长板的骨化变得更有柔韧性。随着骨骼的生长发育,身高也会增长。**在生长发育期,孩子们不仅要保持良好的体态,还要充分活动关节,让关节与肌肉保持良好的柔韧性。**

好处2　能够提升运动能力

我在前面介绍过,形成驼背后身体的活动范围会受限，但如果保持良好的体态就没有这样的问题。**如果孩子在黄金年龄阶段能够充分活动身体，积累丰富的运动经验，就能给身体运动系统的发育奠定良好的基础。**

而且，如果孩子在这个阶段能掌握正确的运动方式，还能有效降低将来驼背的风险。

好处3　能够改善身体不适

保持良好的体态，身体就会处于平衡状态。这样就能避免肩膀僵硬、腰痛等身体不适。

此外，如果保持背部挺直，自主神经系统的功能就不会受到影响，身体也不会莫名出现各种不适。

好处4　有利于保持情绪稳定

自主神经功能正常，人就不容易出现精神恍惚、没有干劲的情况。而且身体状况良好，焦虑不安的情况也会相应减少。

虽然叛逆期、青春期特有的焦虑在所难免，但**如果保**

持良好的体态，就能有效减少由自主神经功能紊乱引起的情绪大起大落，心情自然也会变得更加平和。

好处5 能够提高学习动力

孩子的身体状况良好、情绪稳定，自然就能更专注地学习。即使有不擅长的学科或不懂的内容，也能静下心来认真钻研，学习成绩也更容易得到提升。只要保持自主神经的功能正常，孩子自主学习的内驱力就更容易被激发出来。

好处6 提升个人形象

挺拔的背部会给人留下更好的印象。特别是到了青春期，孩子会开始在意自己的形象。良好的体态有助于提升孩子的个人形象。

我们整骨院在11月1日"日本良好体态日"这天开展了一项针对体态的问卷调查，调查内容是"你觉得哪位艺人的体态最优美"，共有303人参加这项调查。

虽然这项调查并不是选择帅气、美丽的艺人，但从结果来看，得到认可的都是气质出众、形象上佳的艺人。

好处7 增加自信

身心是相通的。身体姿势对心理也有较大的影响。 保持良好的体态，孩子自然就会昂首挺胸。而昂首挺胸的姿势会让孩子变得更加积极自信。另外，如果孩子保持良好的体态，前面提到的5大好处也能让孩子变得更加自信。

引起驼背的元凶是"骨盆倾斜"。在第3章，我将会介绍一些简单易学的亲子拉伸方法来调整倾斜的骨盆，从而矫正驼背。每晚只需3分钟就能完成，家长一定要和孩子一起尝试一下。

第3章

矫正驼背的亲子拉伸

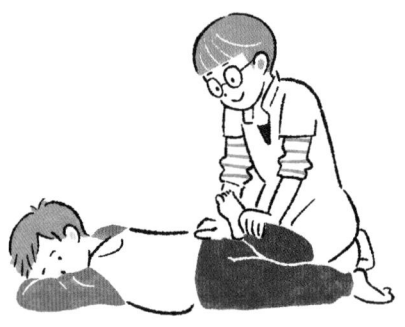

孩子都喜欢与爸爸妈妈亲密互动。家长不妨根据孩子骨盆倾斜的类型,和他们一起拉伸,帮助孩子轻松告别驼背吧!

确认孩子骨盆倾斜的类型

骨盆是连接躯干与下肢的枢纽,也是支撑头部与脊柱重量的基础。"地基"不牢,"上梁"也不会稳定。因此,为了让头部与脊柱维持平衡,==首先必须保持骨盆这个"地基"的稳固性==。

站在摇摇晃晃的小船上或光滑的滑冰场上,膝盖与背部就会自然弯曲,人也很难站直。如果基础不稳固,上面的东西必然也无法保持稳定。可见,当骨盆前倾或后倾时,脊柱便很难保持平衡。

想帮助孩子矫正驼背,就必须让骨盆回到端正的状态。本章将会介绍矫正骨盆的拉伸方法。

◆ 骨盆前倾还是骨盆后倾？确认孩子骨盆倾斜的类型吧

正如前面所介绍的，骨盆倾斜分为"骨盆前倾"与"骨盆后倾"两种。

首先参照第053—054页的图，确认孩子骨盆倾斜的类型吧。

第3章 矫正驼背的亲子拉伸

骨盆前倾型（"鸭子"型）

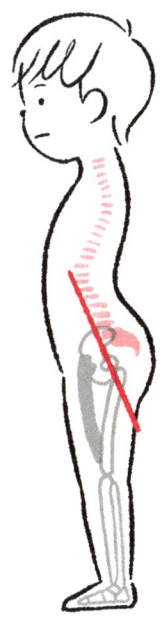

- ☐ 腰曲过大，臀部后翘
- ☐ 腹部前凸
- ☐ 全身放松、双手自然下垂站立时，手的位置靠前
- ☐ 双脚呈内八字
- ☐ 大腿前侧的肌肉变得僵硬

骨盆后倾型
（"僵尸"型）

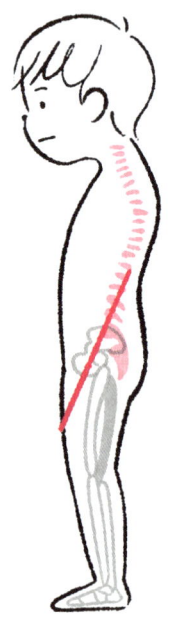

- ☐ 头颈前倾，小腹前凸，臀部凹陷
- ☐ 全身放松、双手自然下垂站立时，手的位置靠后
- ☐ 双脚呈外八字
- ☐ 膝盖弯曲
- ☐ 大腿后侧的肌肉变得僵硬

第3章 矫正驼背的亲子拉伸

快速矫正骨盆倾斜的亲子拉伸

骨盆倾斜的类型不同,矫正方法也不同。确认孩子的骨盆倾斜是属于哪一种类型,使用正确的拉伸方法进行矫正吧。

> ☐ 骨盆前倾型("鸭子"型)→按揉大腿前侧肌肉的拉伸方法
> ☐ 骨盆后倾型("僵尸"型)→按揉大腿后侧肌肉的拉伸方法

按揉大腿的肌肉为什么能够矫正骨盆呢?下文我将简单介绍一下。

驼背的根本原因是骨盆倾斜。骨盆不正、处于前倾或后倾的非正常状态,多是由运动不足、久坐、髋关节僵硬等导致的髋关节及其周围肌肉群无法保持平衡造成的。

如果大腿前侧的肌肉变得僵硬，就会导致骨盆前倾；如果大腿后侧的肌肉变得僵硬，则会导致骨盆后倾。

因此，通过相应的拉伸方法按揉大腿前侧或后侧的肌肉、提高其柔韧性，就能使骨盆回归到正确的位置。

如果无法判断孩子的骨盆倾斜是哪一种，也可以两种拉伸方法都尝试一下。即便孩子的骨盆是正位的，通过拉伸也能放松紧绷的肌肉，因此如果实在无法判断，就同时给孩子做这两种拉伸吧。

第3章 矫正驼背的亲子拉伸

轻松伸展背部的亲子拉伸

如果孩子一直保持驼背的状态,背部肌肉就会变得僵硬。做完矫正骨盆倾斜的大腿拉伸后,接下来做一下伸展背部的拉伸吧。

本节我将介绍"举手拉伸"与"背部毛巾拉伸"两种方式,以改善背部僵硬,伸展背部。

这两组拉伸都要做,其中举手拉伸做10秒,背部毛巾拉伸做30秒,一共做40秒。

矫正驼背的亲子拉伸④ 举手拉伸

保持双臂举过头顶的姿势10秒钟

1. 让孩子仰卧,并将双腿伸直。
2. 将双臂伸直并举过头顶,保持10秒钟。

要点

- 家长跪坐在孩子头部前方,双手固定孩子的腋下,并用膝盖夹住孩子的双臂使其贴近耳朵,施加一定的压力效果会更好(仅在孩子能够承受时进行)。
- 如果孩子感觉腰疼,可以让他弯曲膝盖。

第3章 矫正驼背的亲子拉伸

矫正驼背的亲子拉伸⑤
背部毛巾拉伸

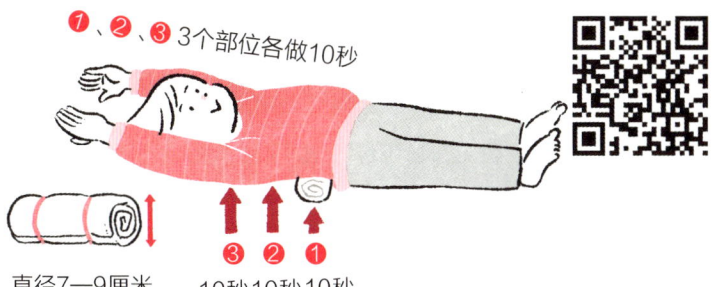

❶、❷、❸ 3个部位各做10秒

直径7—9厘米　　10秒 10秒 10秒

1. 将一块稍大的毛巾卷起来（可以用胶带或线绳固定），垫在孩子腰部最细的部位（髋骨上、肋骨下最窄的位置，即 ❶ 图中的位置）下方。

2. 让孩子双腿伸直，向上举起双臂，保持10秒钟。

3. 将毛巾移向背部正中央（肋骨附近，即图中 ❷ 的位置），保持10秒钟。

4. 将毛巾再往上移（至肩胛骨附近，即图中 ❸ 的位置），保持10秒钟。

要点

- 将毛巾移到 ❷ 的位置时，为防止毛巾滚动偏移，可以将其垫在背部正中央略向下的位置。
- 将毛巾移到 ❸ 的位置时，让孩子感受到"胸腔打开，能够自如呼吸"的地方是最佳位置。

◆ 令人放松的背部拉伸,深受孩子好评

这两组拉伸会让背部得到充分舒展,让人感觉很放松,因此深受孩子的好评。

睡前给孩子做一做拉伸,孩子会睡得更好。而且,良好的睡眠还能促进肌肉的休息与自我修复,从而矫正驼背。

第3章 矫正驼背的亲子拉伸

把每晚的3分钟作为亲子互动的良好时机

下面总结一下前面介绍的矫正骨盆的拉伸方法。

> ☐ 根据骨盆倾斜的不同类型进行"大腿按揉拉伸"20秒（左右侧）
> ☐ 拉伸背部的"举手拉伸"做10秒
> ☐ 拉伸背部的"背部毛巾拉伸"做30秒

每晚睡前，家长可以和孩子一起做这三组拉伸。

拉伸动作本身需要的时间分别为20秒、10秒、30秒，总共是60秒，即1分钟就能完成。再加上准备毛巾等工作，3分钟肯定绰绰有余。

按照上面的方法，让孩子每天睡前进行拉伸，只需一个半月，驼背就会有肉眼可见的改善。

同样的方法，如果是大人矫正驼背，就需要花费2倍的时间，即3个月。因为孩子的身体柔韧性好，而且驼背尚未完全固化，一般来说，只需要大人一半的时间就能矫正过来。

◆ 父母的陪伴让拉伸更轻松

或许有家长认为，要让孩子养成全新的习惯，还要坚持一个半月，实在太困难了，而且孩子本来也听不进去家长说的话。

但是，我在书中介绍的拉伸方法是经过很多孩子亲身实践的方法，而且孩子们都反馈这样的拉伸令人放松，甚至会主动要求再多做一些拉伸。我相信只要孩子亲身感受过拉伸带来的舒适感，每天就会自觉地去做。

即便有些孩子觉得拉伸很麻烦，但如果爸爸妈妈能够陪着一起完成，他就不一定那么排斥了。

第 3 章　矫正驼背的亲子拉伸

对孩子来说，拉伸也不再只是简单的拉伸，而是亲子互动的美好时光，意义一下子就变得不一样了。

孩子们都非常希望爸爸妈妈能够多陪伴自己。每晚睡前度过这样宝贵的亲子互动时光，孩子也会非常满足，并能够安稳地入睡。

睡眠质量对矫正驼背也有很大的影响。 这一点我会在后文详细介绍，可以说这套拉伸方法作为睡前的例行活动，不仅能够帮助孩子改善驼背，还能够成为亲子互动的良好时机。

经反馈，平时与家长互动较少的初中男生也不会抵触这套拉伸动作。对父母来说，睡前拉伸也是与孩子进行沟通与互动的宝贵机会。

第4章

让孩子保持正确姿势的 7个生活习惯

孩子在日常生活中养成的一些看似不起眼的坏习惯,日积月累就会导致驼背。本章我将会介绍一些预防驼背的小诀窍,简单易懂、一学就会,相信在实践后立马就能感受到孩子的变化。

第4章 让孩子保持正确姿势的7个生活习惯

习惯 1

抓住 1 个关键点，就能保持正确的学习姿势

孩子是凭本能行事的，要让他们时刻提醒自己"不要驼背"是极其困难的。正如前面所介绍的，即便家长提醒他们"背驼了哟！把背挺直"，也没有任何效果。

家长可以教孩子一些简单易行的方法，告诉孩子**"这样做会更轻松""很舒服，可以试试这样做"**。只要孩子稍加注意，就能立即端正姿势。

孩子在什么时候容易驼背呢？我从家长那里经常听到的答案之一就是"学习的时候"。

确实，大人在埋头工作时，往往容易身体前倾，整个人伏在电脑前或书桌上。孩子看书、做作业的时间可能比大人面对电脑的时间还要长，但和大人一样，他们埋头学

习时也容易将身体前倾。

其实,身体前倾的姿势也是在所难免的。如果过于在意姿势,则可能无法集中注意力,顾此失彼。

不过,集中精力学习时可以换一种比驼背稍微好一

点的姿势,只要稍微调整一下即可。这种方法就是"收紧双臂,用胳膊锁住前倾的身体"。

专注学习时身体会伏在桌子上,双臂会自然张开,肘部会朝向外侧。几乎所有的孩子上半身都会前倾,半趴在桌子上。

如果"锁住"前倾的身体,驼背就能得到一定程度的改善。这时就需要使用前臂,也就是胳膊肘到手腕部分的力量。

如下页图所示,当前臂撑在桌子边缘上时,可以在一

第4章 让孩子保持正确姿势的7个生活习惯

定程度上控制身体前倾。因此这种情况下，<mark>控制身体前倾的关键是收紧双臂</mark>。

这个姿势对孩子来说没什么难度，是非常容易做到的姿势。<mark>如果看到孩子一点点张开双臂身体前倾，就提醒一声"双臂要收紧"</mark>。这样孩子马上就能调整到正确的姿势。

如果家长总是唠叨"要变成驼背了哟""跟你说了，腰杆要挺直"，有的孩子还会产生抵触情绪。如果家长不责备孩子，而是教给孩子具体的方法，告诉孩子"这样做更轻松哟""这样做能保持后背挺直哟"，孩子反而更愿意听取家长的建议。

我建议各位家长按照第036页介绍的方法，给孩子进行背部按摩。这样不仅能帮助孩子调节心情，还能刺激自主神经，激发孩子的学习干劲。对学习时容易犯困的孩子来说效果尤佳。

另外,我还建议家长将卷起来的毛巾(如第061页所介绍)垫到孩子的腰部与椅背之间。这样能让孩子的背部保持自然挺直,效果与按摩一样,还有助于缓解腰部疲劳。一旦驼背,毛巾就会掉落下来,所以孩子在无意识中就能保持"不让毛巾掉下来"的正确姿势,从而保持良好的学习姿势。

将毛巾卷放在孩子腰间1~2分钟就足够了,拿开后孩子仍然能够维持同样的姿势。

这个方法对大人也很有效,各位家长在工作时不妨尝试一下。

第4章 让孩子保持正确姿势的7个生活习惯

习惯 2

使用电脑时不驼背的方法

如今网络已经成为一种获取知识的重要渠道。很多家长很早就给孩子配备了平板电脑或笔记本电脑。

正确使用电脑,不仅能够让孩子开拓视野,还能提高学习效率。有些家长还会通过网络培养孩子的兴趣爱好,比如绘画、象棋等。

电脑给我们的生活带来了诸多便利,但同时不少家长也会担心"孩子经常使用电脑,会不会变成驼背"。

然而,现在是数字化信息时代,使用电脑等电子设备是在所难免的。这就要求家长引导孩子科学、合理地使用电脑等电子设备。

使用平板电脑时最关键的是眼睛要与电脑屏幕保持最佳角度。和看书、写作业一样,使用平板电脑时也很容易出现身体前倾、伏在桌上的姿势。因此,我不建议将平板电脑平放在桌面上。

目前市面上有很多不同款式的支架。最好选择能够调整角度的支架。一般来说,支架与坐直的身体保持30°左右的角度刚刚好,即可以从其斜上方往下看的角度。

和学习姿势一样,使用平板电脑时也要让前臂支撑在桌子的边缘。这样就能"锁住"前倾的身体,防止驼背。

当然,有时也会出现不方便使用支架,需要直接在平板电脑上打字的情况,这时只需将平板电脑平放在桌上,收紧双臂,利用前臂"锁住"前倾的上半身,正常打字就好。

第4章 让孩子保持正确姿势的7个生活习惯

◆ 使用笔记本电脑时，身体与屏幕的最佳角度也是30°

到了中学阶段，有些孩子不仅会使用平板电脑，还会开始使用笔记本电脑。

使用笔记本电脑时的注意事项也是一样的。很多孩子都习惯将电脑屏幕竖直，但还是**建议屏幕与坐直的身体保持30°左右**。

如果面部与电脑屏幕平行，眼睛一直盯着屏幕很容易疲劳，头和身体不知不觉就会前倾，如此一来就很容易形成驼背，但如果让电脑屏幕适当倾斜，就能有效预防这种情况。

另外，需要随身携带笔记本电脑时，建议选择14英寸大小的。如果比14英寸小，为了看清屏幕上的内容，头和身体会不自觉前倾，从而形成驼背；而如果大于15英寸，又不方便随身携带。我个人使用的也是14英寸的笔记本电脑。

在咖啡馆里，我们经常可以看到很多人使用笔记本电脑工作或学习。几乎所有人都把电脑屏幕竖得笔直，眼睛一直盯着电脑，活像一只只松鼠。

如果长期保持这样的姿势工作或学习，就很容易出现肩膀僵硬、腰痛等不适。生活在数字时代的孩子们正面临着这样的问题。因此，一定要让孩子尽早形成使用电脑等电子设备的正确姿势。

第4章 让孩子保持正确姿势的7个生活习惯

习惯 3

使用手机的正确姿势是托着胳膊

手机也是十分常见的电子设备。孩子到一定的年龄后,就会拥有自己的手机。现如今,即便是年幼的孩子,使用父母的手机看视频、玩游戏的机会也在变多。

与使用平板电脑、笔记本电脑时一样,使用手机时也要避免眼睛一直盯着屏幕的姿势。

可以利用手机支架把手机立在桌子上。用手拿着时,要注意手机屏幕中心与视线基本保持齐平。

不过,要一直维持手机屏幕中心与视线齐平的高度,胳膊举着手机一定会很累。这时,可以像下页图中所示的那样,==用一只手拿手机,另一只手托住肘部,这样就比较轻松了。==

站着看手机时，也可以使用同样的方法以避免驼背。如果是坐着，比如乘坐地铁、公交车的时候，可以把包放在腿上，利用包支撑住胳膊，这样胳膊就不会很累。

总之，看手机时，要将手机屏幕中心与视线基本保持齐平。这一点对姿势的影响可谓至关重要！

家长在使用手机时也可参考本节介绍的正确姿势。

拿手机时呈抱臂姿势，用手托着肘部

第 4 章　让孩子保持正确姿势的7个生活习惯

习惯 4

大步走路

有一种走路方式能够帮助我们形成良好的姿势。方法非常简单，那就是"大步走路"。

因为大步走路时骨盆是端正的。

骨盆倾斜的孩子如果能够有意识地大步走路，骨盆立刻就能回到正位。虽然只是短暂的状态，但保持骨盆正位的机会增多，髋关节及其周围的肌肉也会随之得到更多调整，以适应"端正的骨盆"，从而更容易改善驼背。

不过，让孩子大步走，不少孩子会调皮捣蛋，故意夸张地从正上方向下踏步。这种方式当然是不正确的。

正确的走路姿势是前脚的脚跟先着地，根据杠杆原理，利用足弓的弹性，后脚的前脚掌蹬地，然后前脚的前脚掌着地，接着后脚迈步向前，脚跟着地。这样走路时需要前脚掌蹬地的力，以及大幅迈腿让脚跟着地的力。如果驼背的话，则很难正确发力来迈出这样的步伐。

在教孩子大步走时，可以告诉孩子更具体的方法，比如"走路时脚步迈得比平时稍远一点""让步幅比平时大3厘米""用脚跟着地"等。

只要这样做，孩子就能更自然地比平时迈出更大的步伐。

受环境、生活方式等的影响，现在的孩子髋关节更容

前脚的脚跟着地　　　　　　　后脚的前脚掌蹬地

易变得僵硬，他们几乎都是骨盆前倾的"鸭子型"体态。这种类型的骨盆倾斜会导致走路时重心靠前，无法很好地使用脚跟。

只要让孩子有意识地大步走，他们自然就能很好地使用脚跟，让身体的重心回归正确的位置，矫正倾斜的骨盆，从而改善驼背。

习惯5

如果一定要跷二郎腿，那就左右交替

很多大人在坐着的时候都有跷二郎腿的不良习惯。一部分孩子随着年龄的增长，也会养成跷二郎腿的不良习惯。

从骨骼的角度来讲，跷二郎腿并不是值得推荐的行为，因为这样容易导致骨盆倾斜。

跷二郎腿时，骨盆左右两侧会产生高低差。久而久之，骨盆周围肌肉原有的平衡会被打破，身体的某些部位就会变得僵硬，从而导致无法自如地活动身体。

因此，我们应尽量避免跷二郎腿，但这在实际生活中往往难以做到。

长时间维持同一姿势，会引发肌肉疲劳或酸痛。而跷二郎腿可以缓解这种身体疲劳，因此我们会习惯性地跷二郎腿。

也就是说，从骨骼的角度来讲，不跷二郎腿是最好的。不过从肌肉的角度来讲，跷二郎腿可以缓解疲劳和酸痛，从某种意义上来说也是必要的。

那么，到底该怎么办呢？

我们可以综合骨骼和肌肉的角度，找到一个折中的办法。具体来说，就是双腿交替跷二郎腿，这样就能最大限度地防止骨骼变形。即使家长经常提醒孩子"不要跷二郎腿，站起来活动一下"，孩子也只会嫌麻烦。大人在埋头工作的时候，也会觉得起来活动很麻烦吧。

经常久坐，孩子难免会跷二郎腿。这时**可以告诉孩子"两腿交替着跷二郎腿"**。听到家长这样说，孩子也会更愿意配合。

◆ 勉强就不能持久

无论多么有益于健康的事情，勉强为之就不能持久。

矫正驼背也是这样,一定不要勉强。

要想改变无意识的行为习惯是非常困难的。

正如我在前面多次提到的,现在的孩子变成驼背是非常普遍的现象,甚至可以说是"理所当然"的。在这样的生活环境下,家长可以教孩子预防驼背变严重的方法,哪怕只能改善一点点,这才是可行、可持续的办法。

第4章 让孩子保持正确姿势的7个生活习惯

习惯6

善用围巾防寒保暖

日常生活中隐藏着很多容易导致驼背的因素,其中有些甚至令人感到不可思议。比如,冬季的寒冷。

想象一下,人在感到寒冷时会做出哪些姿势呢?为了尽可能减少与冷空气的接触,人会反射性地弓起身子、缩着脖子,而这些正是驼背的姿势。

在寒冷的环境中感到瑟瑟发抖时,成人也很难做到挺起胸膛、伸直腰杆。 就更不用说凭本能行事的孩子了。

但即便如此,冬季也不能一直驼着背驱寒。因此,秋冬季节要有意识地给孩子防寒保暖。

不过也没有必要给孩子穿特别厚的衣服。孩子大都活泼好动,穿得太厚容易出汗,出汗后被冷风一吹,就容易着凉感冒。

预防寒冷造成的驼背，关键在于秋冬季节做好面部与脖子周围的防寒保暖。

大家是不是都有这样的经历，当脖子周围冷飕飕的时候，我们会情不自禁地缩着身体。因此，最重要的是戴上围巾给脖子周围保暖。仅做到这一点就会大不一样。

另一个不可思议的驼背原因是耳朵感到寒冷。和脖子周围一样，耳朵遇冷也容易让人反射性地缩起身体。可以戴护耳或者能遮住耳朵的帽子来给耳朵保暖，这样就不会缩着身体了。

对于怕冷的孩子，家长可以根据天气情况给孩子穿上保暖性好的衣服，这样他们就能更加舒适地度过寒冷的冬天。对着在寒风里瑟瑟发抖的孩子说"抬头挺胸"，肯定没有

第 4 章　让孩子保持正确姿势的7个生活习惯

任何效果。

应该先帮助孩子消除身体的不适，使其放松，让肌肉处于容易伸展的状态，这才是预防驼背的有效方法。

习惯 7

不要吃撑

许多驼背的孩子肠胃也不好。不过并不是驼背导致肠胃虚弱,而是**肠胃虚弱容易导致驼背**。

如果感觉身体哪里不舒服,人会本能地捂着疼痛或不适的部位。肚子不舒服的时候,几乎所有的人都会身体前倾、弓着身子。肠胃虚弱的孩子尤其会经常出现这样的姿势,因此比别的孩子更容易形成驼背。

此外,胃容易受压力的影响。经常感到不安、有压力的孩子会自然表现出保护胃的姿势,长此以往就会变成驼背。

我本人胃也不是特别好。特别是大学毕业后找工作的时候,由于压力太大而经常胃疼,我的驼背一度十分严

第4章 让孩子保持正确姿势的7个生活习惯

重。而且胃不舒服,还连带着背部也疼痛不已,我不得不常常弯着腰。

◆ 要有意识地善待肠胃

为了预防肠胃受损导致的驼背,要注意避免增加肠胃的负担。对孩子来说,**最重要的就是不要吃撑。**

很多孩子都会贪吃,不知不觉间就会吃撑。吃得太饱会对肠胃造成很大的负担,家长一定要注意不要让孩子吃撑。让孩子吃饭的速度稍微放慢一点,就能避免吃得太饱。

吃饭时,家长可以提醒孩子"慢点吃",这样也会有效果。

此外,进行专业体育运动训练的孩子可能不得不遵循特殊的饮食方式。

虽然打造强健的体魄需要摄入充分的营养，但也应尽量避免吃油腻的食物，以减轻肠胃的负担。

第5章

创造避免孩子驼背的7大环境

全身放松

想改善孩子的驼背,就要创造合适的环境。只要在给孩子选择生活用品时掌握几个小诀窍就能实现这一点。这样就不必每天焦虑不安,担心孩子"又驼背了"。

第5章　创造避免孩子驼背的7大环境

环境 1

告别驼背！
如何给孩子选椅子

在长期久坐的生活环境下，使用什么样的椅子，会对孩子的体态造成非常直接的影响。

我在第069页介绍了不易驼背的正确学习姿势。不过，==能否有效实践，还取决于各自的家庭环境。家长要尽量给孩子创造不易驼背的家庭环境。比如，为孩子准备高度适宜的书桌和椅子。==

◆ 桌椅的最佳高度差是多少

一般来说，孩子在家使用的书桌多是高度固定的学习桌或餐桌。这些桌子都无法调节高度，因此桌子与椅子的高度差要通过椅子来调整。

和书桌搭配购买的椅子大多能调整高度。另外，还可以选择能调整高度的餐桌用椅。当然，也可以选择桌椅高度都能自由调节的多功能桌椅。

为了保持良好的学习姿势，适宜的桌椅高度差是非常重要的。具体来说，当孩子正坐在椅子上，双臂自然垂下时，肘窝部分应与桌子边缘同高，或者比桌子边缘高出2—3厘米。

如果椅子太高，上半身容易前倾，就无法保持良好的学习姿势。相反，如果椅子太矮，胳膊活动受限，拿取文具、书本时则会很不方便。而且还会因为看不清书本而形成脖子前倾的不良习惯。

◆ 椅面的选择标准是舒适、稳定

椅面的选择标准是坐着舒适、稳定。像办公椅那种椅面能转动的椅子不适合给孩子使用。因为孩子容易把它当作玩具,从而导致注意力不集中,身体也无法保持稳定。

此外,椅面如果太光滑,臀部就容易滑动,因此选择布面的椅子比较好。为了避免久坐臀部疼痛,可以选择表面有一定厚度和弹性的椅子。不过,椅面过于柔软会导致骨盆难以保持稳定,应尽量避免。同样,也不建议选择椅面弹性差的椅子。

如果找不到椅面材料正合适的椅子,也可以在椅子上放一个家用的薄坐垫。

◆ 椅面的角度和面积也要注意

选择椅子时,还有一点也特别重要,那就是椅面的角度与面积。

大人用的餐椅，很多椅面都是往后倾斜的。椅面向后倾斜，骨盆就难以保持端正，往往容易让人形成腰部异常受力的坐姿。如果腰椎缺乏足够的支撑，原有的生理弧度就会发生改变，造成骨盆后倾，让身体承受较大的负担，致使驼背愈发严重。

倾斜

虽然椅面的面积较小时，不会让人形成腰部异常受力的姿势，但如果狭窄到无法有效支撑臀部，身体就无法保持稳定。最合适的椅面大小是臀部加上大腿五分之二的面积。因此，应尽量避免让孩子使用大人用的餐椅。

◆ 关于椅子的选择和用法的其他诀窍

在选择椅子时，除了前文介绍的选择要点，还要注意挑选椅背固定的椅子。和能够转动的椅面一样，如果椅背能够活动，孩子容易把它当作玩具，无法专注地学习，还会形成腰部异常受力的姿势。

椅子的选择要点

- 能够调节高度
- 椅面与椅背不会转动
- 椅面面积不过于狭小
- 弹性好但不过于柔软的布椅面

*如有能调节高度的踏脚板更好。

使用椅子时的注意事项

- 胳膊下垂时,肘窝部分与桌子边缘同高,或比桌子边缘高出2—3厘米
- 脚底要牢牢地踩在踏脚板/垫脚台/地板上
- 坐着时,大腿与小腿的角度呈90°左右
- 椅面太硬,坐上去臀部感觉疼痛时可以放一个薄坐垫

另外，还要保证孩子坐在椅子上时，脚底能够牢牢地踩在踏脚板或地板上。如果脚悬垂着，孩子不但无法集中注意力，为保持身体稳定，还需要脚底一直用力踩踏。

除此之外，当孩子坐在椅子上时，大腿与小腿的角度呈90°左右是最自然的状态。坐在没有踏脚板的椅子上时，如果孩子的脚够不到地板，可以放一个小凳子。

也许有的家长觉得这样的挑选标准有些麻烦。可是，当代人的生活以坐着为主，坐具的选择与用法自然非常重要。

反过来说，只要调整久坐的生活环境，就可以大大降低驼背的风险。

如果家长能够实践本书介绍的内容，就一定能为孩子创造更有利于姿势的生活环境，孩子也能明白"椅子就要这样使用""只能这样坐"。我们无法期待孩子自觉保持良好的体态，只有创造能够让孩子保持正确姿势的环境，才能帮助他们切实预防驼背。

第 5 章　创造避免孩子驼背的7大环境

调整双肩包的用法，改善驼背

双肩包可以说是孩子装学习用品的必需品。可是，使用方法不正确的话可能会导致驼背，因此要注意。

人背着双肩包时，重心会随背包后移。为了抵抗背包向后的拉力，背部和颈部就会无意识地前倾。而这种姿势就是典型的驼背姿势。

◆ **数据表明，双肩包会给身体造成负担**

第101页的两幅图，分别是小学二年级男生没有背任何东西的状态（上）与背双肩包的状态（下）。

两幅图的左半部分是左右斜方肌（颈后到肩部、背部的大块肌肉）的肌电图。肌电图会评估和记录肌肉产生的电活动,比如当肌肉收缩时,波形就会大幅起落。

通过对比,能够显而易见地看出,==背上双肩包后人的颈部会大幅前倾,背部也会弯曲。==

此外,背着双肩包时,肌电图上的波幅起落更大。这是因为,==当肩部承受双肩包的压力时,人的身体会自然前倾,斜方肌的负担也会随之增大。==

背着双肩包时,身体会自然呈现出这种状态,这样的姿势也无可避免。

为了尽可能降低驼背的风险,就需要在背包的选择和用法上下一番功夫。家长在为孩子挑选背包时,要记住以下要点。

- 尽可能选择重量轻的
- 选择能够调节肩带长度的
- 选择竖款的,而非横款的

背的东西越少对身体的负担越小,因此背东西的工具

第5章 创造避免孩子驼背的7大环境

不背包的状态（上）与背双肩包的状态（下）对比图

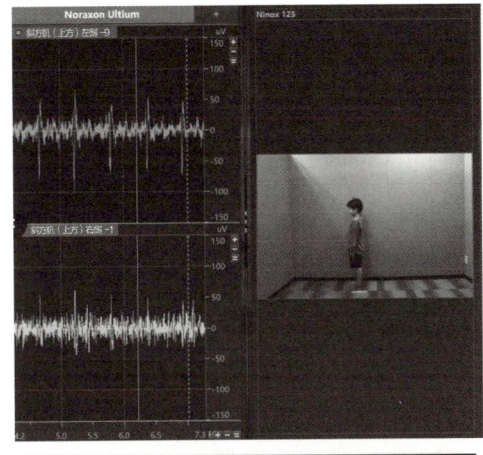

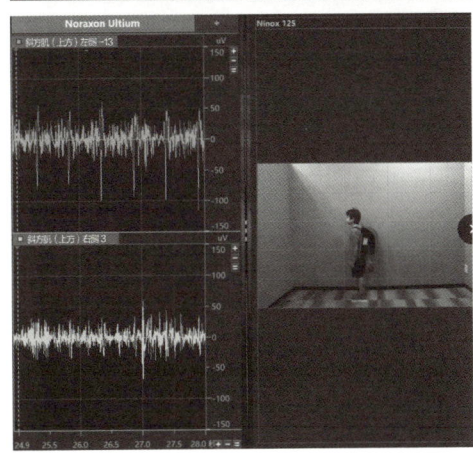

自然也要选择重量轻的。以前的双肩包都是自重比较重的，不过最近市面上出现了很多轻便的产品。

背双肩包时，不要让其处于背部靠下的位置，**应尽量让背包的最高点与肩部的高度齐平**。如果背包下垂到腰的位置，会使人承受的压力增强，从而导致身体失衡。

如果让背包紧贴背部，则很容易保持姿势稳定。因此要选择能够调节背带长度的双肩包。为了不让背包下垂到腰部，背带可以调得短一些。

◆ 双肩包要选竖款的，而非横款的

背部就是呈竖长的形状，因此与横款的包相比，竖款的双肩包更容易紧贴背部。不过，即使是竖款的也要避免体积太大的背包。因为，如果背包或其提手贴着脖子，孩子的颈部就会自然前倾。

为防止背包摇摇晃晃或错位，可以使用背包防滑胸带。现在市面上既有自带胸带的背包，也有搭配背包使用的胸带可供选择。

第 5 章　创造避免孩子驼背的7大环境

不过要注意，背包防滑胸带的卡扣系得太紧容易让肩膀缩着，也容易形成驼背。可以先让孩子"端正姿势"，在体态端正的状态下调整胸带的长度。

环境 3

利用睡觉时间矫正驼背

我在前面已经讲过,驼背不是脊柱的问题,而是髋关节与肌肉失衡引起的骨盆倾斜的问题。

大人的骨骼与肌肉已经完全适应了驼背,即使通过矫正调整肌肉的平衡,驼背仍然难以改善。但是孩子的身体尚未发育完全,大部分驼背仅需通过按揉肌肉、调整身体的平衡就能矫正。

在第3章里我介绍过调整肌肉平衡、矫正骨盆的拉伸方法。如果说拉伸是从"外部"调整肌肉的平衡,那么我接下来要介绍的方法就是通过"内部"自己的力量来调整肌肉平衡的方法。

这种方法极其简单,就是**好好睡觉**。

可能有的家长会心存疑问:"只需要好好睡觉就能改善孩子的驼背吗?"确实,好好睡觉对于矫正孩子的驼背非常有效。

◆ 睡眠时间是矫正孩子驼背的黄金时间

为什么睡觉如此重要?

这是因为**睡觉时是身体最放松的时间**。

睡觉期间,身体处于自然放松的状态。**这段时间是肌肉从紧绷的状态中完全解放出来的宝贵时间**。

放松的时间越长,驼背越容易矫正,形成驼背的风险也就越低。

此外,睡眠期间也是身体修复白天受到的损伤、产生新细胞的时间。拉伸效果在这段时间也能得以巩固。

也就是说,**在睡觉时矫正驼背并不是毫无根据**。

现在晚睡的孩子越来越多了，然而睡眠时间越短，肌肉保持紧绷状态的时间就越长，驼背也更容易变得严重。

◆ **优先选择有助于安睡的床上用品**

为孩子打造合适的睡眠环境时，应优先考虑是否有助于安睡。如果睡眠不好，身体就得不到充分的休息。全身放松、解放紧绷肌肉的黄金时间也就无法得到充分利用。

==“是否容易入睡""是否容易翻身"这两个条件对于安睡来说至关重要。==

想必家长也很清楚，如果总是睡不好，就会不知不觉积累很大的压力。而睡眠时间不足，睡眠质量也会大打折扣。

另外，睡觉期间如果不能很好地翻身，就无法放松紧绷的肌肉。血液循环不畅,人体的自我修复能力也会下降。年龄越大,人愈发感觉早上起床时身体各处疼痛,就是因为睡觉期间无法好好翻身。

孩子的睡姿是频繁改变的,很多孩子在睡着时会乱动、踢被子,正是因为他们能够很好地翻身。相反,有些孩子睡着后不怎么动也许正是因为无法好好翻身。

睡觉时无法好好翻身,肌肉就容易变得僵硬,矫正驼背也变得十分困难。为了让孩子全身放松、好好休息,家长在给孩子挑选床上用品时一定要注意以下要点。

全身放松

● 被子

　　如果盖的被子太重，翻身就会很困难，紧绷的肌肉也无法得到放松。不要小看被子对睡眠的影响，要尽可能地给孩子选择轻便的被子。

● 床垫

　　有些商家标榜"床垫很柔软，对身体无负担"，但睡在太软的床垫上，身体容易下陷，就不能自如地翻身。建议选择材质稍硬的床垫。

● **睡衣**

建议给孩子选择轻便、宽松的睡衣。因为带帽子或羊毛材质、又厚又重的睡衣容易影响翻身。其实，穿着T恤和短裤睡觉也没问题，尽量给孩子穿不妨碍翻身和睡眠的睡衣。

● **床上用品的材质**

床上用品的材质也会影响睡眠。要减少床上用品之间的摩擦，建议选择平滑的材质。因为如果摩擦太大，床上用品之间相互缠在一起，会影响翻身。

另外，还可以询问孩子本人的意见。使用舒适的床上用品更容易让人入睡。可以让孩子自己摸一摸，挑选自己喜欢的床上用品。

◆ 如何创造容易入睡的环境

最好能为孩子创造良好的入睡环境。但是,也无须特别复杂的准备。

例如,洗澡时不要只用淋浴,可以让孩子在浴缸或澡盆里好好泡一泡。泡澡会让紧绷的肌肉得以放松。

另外,睡前尽可能把房间的灯光调得暗一些,这也有助于孩子更快入睡。睡前还可以和孩子做一做第3章介绍的"大腿按揉拉伸""举手拉伸""背部毛巾拉伸"等,让孩子感受到满满的入睡仪式感。

营造安静且昏暗的睡眠环境,让孩子充分休息、放松身心吧。

环境 4

挑选枕头要结合孩子习惯的入睡姿势

我在前面介绍了如何选择有助于安睡的床上用品,不过说到床上用品,还有一件物品特别重要,那就是枕头。

==挑选枕头的关键是枕头的高度。==

首先,请家长想一想孩子习惯的入睡姿势。是仰卧还是侧卧?平时更常以哪种姿势入睡呢?

仰卧或者侧卧,入睡姿势不同,合适的枕头高度也不一样。但无论采用哪种睡姿,==头枕在枕头上时,脸的正面(侧躺时则是脸的侧面)应与床面保持平行。==

也许有些家长会疑惑:翻身时,孩子的姿势改变了该怎么办?这一点无须在意。最重要的是入睡时的姿势。

入睡时如果姿势不当,睡得不舒服,不仅难以入睡,睡眠质量也容易下降。虽然睡觉时姿势会改变，但是最开始入睡时保持放松状态才是最重要的。

挑选枕头时，硬度的要求与其他床上用品是一样的。最好是选择便于孩子翻身的、稍硬的。

建议选择与其他床上用品、睡衣等摩擦小的平滑、舒适的材质。枕芯无论是羽毛还是荞麦皮都没关系。只要孩子自己喜欢，就是最好的。

也有的孩子不习惯使用枕头。如果孩子不太想用，也没有必要勉强。只要孩子能安睡，不用枕头也完全没有问题。

◆ 相比睡姿，应更重视能否安睡

有的家长可能会担心孩子的睡姿对驼背有一定的影响。从预防骨骼畸形的角度来看，仰卧是最理想的睡姿，不过也无须勉强孩子。**因为如果孩子睡眠不好，驼背就很难改善。**

孩子仰卧时无法入睡，可能是因为背部肌肉僵硬。睡前坚持做"举手拉伸""背部毛巾拉伸"可以缓解背部僵硬，仰卧时也更容易入睡。不过，每个人都有自己喜欢的睡姿，家长也无须勉强孩子。

另外，侧卧时使用抱枕可以帮助孩子形成自然的姿势，也能够预防骨骼畸形。如果孩子不排斥，可以尝试一下。

环境 5

衣着也会影响体态

虽然这一点很容易被忽视,但衣着也会影响孩子的体态。简而言之,如果孩子穿着不舒服的衣服,就很容易变成驼背。

×尺寸太小	→ 穿着憋屈,身体很容易蜷缩
×面料没有弹性	→ 很难活动身体,身体容易缩着
×领口不舒服	→ 肩膀容易缩着
×带帽子	→ 重心容易后移,导致脖子容易前倾
×裙子、裤子太长	→ 容易走小步,变成内八字

孩子生长发育快,买的衣服很容易就变得不合身了。有的家长可能没太在意,继续让孩子穿着之前的衣服。可

是，穿着尺寸过小的衣服，孩子很难活动身体，因此很容易驼背。特别是肩部太窄的衣服会让孩子的肩膀内收，容易形成驼背。

◆ 买衣服前先让孩子试穿一下，看看能否保持自然体态

夹克、衬衫等没有弹性的衣服也要注意。为了显得修身，这类衣服的肩部大都设计得比较窄，一定要让孩子先试穿一下，看看能否保持自然的体态。

带帽子的衣服也有可能造成驼背。和背双肩包一样，穿着带帽子的衣服，人的重心会后移。哪怕帽子的重量非常轻，也会改变身体的平衡。

此外，裙子、裤子太长会妨碍走路，容易导致孩子小步走或走路内八字。内八字还会造成骨盆前倾等问题，从而形成驼背。

穿着领口不舒服的衣服也会增加驼背的风险，这一点

大家可能会觉得不可思议。孩子对刺激很敏感，如果他们感到脖子周围不舒服，会反射性地缩脖子，或者为了避免刺激将脖子前倾。因此，要尽量避免给孩子穿领口周围有装饰品的衣服或领口偏小的衣服。

有的孩子经常穿立领的衣服，也容易变成驼背。当然，如果是学校统一要求穿的立领学生制服，那也在所难免。家长在日常生活中还是要尽量给孩子选择宽松、舒适的衣服。

很多时候衣服是否舒适，孩子本人不试穿是无法确认的。虽然可能会有些麻烦，但家长还是要尽可能让孩子试穿一下，确保孩子穿着能够保持自然体态后再购买。

第 5 章 创造避免孩子驼背的7大环境

环境 6

鞋子一定要合脚

买鞋子时，一定要选择合脚的。孩子的鞋子与衣服一样，很快就不合脚了，有时家长会不知不觉间让孩子一直穿着尺寸变小的鞋子。还有些家长会觉得孩子长得快，因此给孩子买大一号的鞋子。

脚是支撑身体的根基。小小的脚掌要支撑全身的重量，因此一双能够让脚掌牢牢踩在地上的鞋子就显得尤为重要。

穿上不合脚的鞋子，脚就无法发挥本来的力量。

鞋子尺寸偏小，为了避免疼痛孩子会弯曲脚趾。这样脚掌就无法稳稳地踩在地面上，身体难以维持平衡，走路时蹬地的力量也不足。

鞋子尺寸偏大，人会不自觉地想着"鞋子别掉了"，走路姿势也会变得很奇怪。我在童年时总是穿大两号的鞋子，总感觉脚底不稳，至今仍记忆犹新。

脚所处的环境不好，脚下就会失衡，并波及全身。脚掌无法稳定地支撑身体，会造成膝关节弯曲变形，进而波及大腿乃至髋关节，导致骨盆倾斜，最终形成驼背。

让孩子穿不合脚的鞋子有百害而无一利。 家长一定要注意给孩子买尺寸合脚的鞋子。

穿厚底或后跟高的鞋子，走路时容易只用膝关节而不是整只脚，从而导致驼背。因此，不推荐给孩子买现在流行的厚底运动鞋。

另外，买鞋时，可以让孩子在专卖店现场试穿。虽然正合脚是最理想的，不过鞋子里还是要多少留点空间。如果家长很难判断尺码，可以咨询售货员，给孩子找到合脚的鞋子。

第5章 创造避免孩子驼背的7大环境

◆ **使用能支撑脚掌结构、预防驼背的鞋垫**

现在市面上售卖很多有支持脚掌功能的鞋垫。

人的脚掌并不是平整的，而是呈平缓的拱形。和桥的结构一样，拱形结构比平直结构强度更高。人就是靠脚掌的拱形与脚跟的缓冲结构支撑全身的重量，并保持良好的体态行走的。

可是，正如前面介绍的，如果脚掌无法稳定地支撑身体，脚下失衡，就会波及全身，最终导致驼背。脚掌无法正常发挥功能的一大原因，就是穿着不合脚的鞋子。

这种能帮助脚掌正常发挥功能的鞋垫市面上有很多种类。其特征是比较硬，比一般人想象的要硬得多，而且是立体的。鞋垫的足弓部分是隆起的，能支撑脚掌的拱形部分，还能稳固脚踝，走路时脚跟能够轻松保持稳定。因此，使用这样的鞋垫，孩子更容易形成良好的走路姿势，从而预防驼背。

当然，也不是说一定要给孩子使用这种功能鞋垫，家长可以根据具体情况自行给孩子购买使用。另外,这种功能鞋垫并不是调整鞋子尺寸、减缓冲击的柔软鞋垫,还请注意。

第 5 章　创造避免孩子驼背的7大环境

环境 7

为孩子挑选合适的自行车

大家平时骑的自行车，车把是什么形状的呢？

可能有人会说："自行车的车把形状不都是一样的吗？"

说起自行车，很多人都会想到第123页上方的那种弯把自行车，即所谓的"复古自行车"。

其实，这种**常见的自行车是导致驼背的帮凶**之一，大家是不是很意外呢？

想象一下，骑这种自行车时身体的哪个部分会发力呢？恐怕几乎所有人都会回答"脚"。确实，自行车是用脚蹬的交通工具。

在骑这种"复古自行车"时,前进的动力主要来自脚的力量。当脚用力蹬车时,上半身会不稳定、很容易摇晃。为了保持身体平衡,双臂会用力握住车把,这样背部会自然弯曲并前倾。这就是驼背的姿势。

为了避免这种情况,家长就需要给孩子选择车把合适的自行车。实际上,自行车的车把分为两种。

一种是"T"字形的自行车车把,这样的车把不容易造成驼背,如下一页的图(直把)所示,这种车把叫作"直把"或"平把"。

另一种是"U"字形的自行车车把,这样的车把很容易造成驼背,也叫"弯把",最近流行的"复古自行车"就属于这种。

◆ 骑自行车时,使用全身的力量蹬才是正确的

为什么"T"字形的车把不容易造成驼背呢?因为人在骑车的时候胳膊是伸直的。伸得笔直的胳膊就像顶杆一

第 5 章 创造避免孩子驼背的7大环境

自行车车把的差异

弯把

直把

样支撑着上半身，背部自然不会弯曲。

与"U"字形车把的自行车相比，"T"字形车把会让人的上半身更加向前倾，但由于用到了髋关节，且腰部以下充分弯曲，因此不会形成驼背。包括胳膊在内的上半身的重量都化作了动力，这是与"U"字形车把自行车的较大区别。==这样就不仅是用脚，而是用全身的力量蹬自行车。==

儿童自行车也有"T"字形车把的，家长在给孩子购买时一定要留意车把的形状。

==自行车车座建议调节至孩子坐上去时脚尖刚好能够着地的高度。==如果车座太高，孩子够不着地，重心不稳，容易摔跤。如果车座太低，脚掌能完全着地，骑车时髋关节的活动就会受限。髋关节周围的肌肉会变得僵硬，导致骨盆前倾，形成驼背。

而且，车座太低，会使膝盖难以伸直，蹬脚踏板的力量不足，容易引发疲劳。可以根据孩子的实际情况，将车座调整得高一点。

改善体态的产品,真的有效果吗

市面上有各种矫正驼背、改善体态的产品。大家可能会疑惑:"这些产品真的有用吗?"下面我将会一一进行介绍。

驼背矫正带→×

虽然能短时间地纠正姿势,但无法从根本上解决问题。而且,系上驼背矫正带会很难受,难以长期佩戴。

平衡球(瑜伽球)→△

坐在摇摇晃晃的平衡球上时,为了保持平衡,人的姿势自然会变得端正。平衡球用来休息放松正合适,但学习或工作时坐着可能会导致无法集中注意力。

泡沫轴→○

这是一种像靠垫一样的圆柱形健身器材，可以做各种拉伸动作。使用泡沫轴能够提高背部的柔韧性，还可以改善驼背。

平衡椅（跪椅）→△

这种椅子形状特殊，是用椅面和膝盖跪垫两个面支撑身体。坐在平衡椅上时，姿势确实能够得到矫正，但久坐在平衡椅上很容易疲劳。因为平衡椅只能在家里使用，应优先让孩子养成坐普通椅子也能保持良好体态的习惯。

榻榻米→×

榻榻米虽然不能矫正姿势，但可以保持姿势稳定，很多人都会使用。然而，要想在榻榻米上一直保持良好的体态是很困难的，也有形成驼背的可能，生活中还是尽量使用桌子与椅子。

如果一定要坐在榻榻米上，可以将坐垫对折垫在臀部下面，这样就能防止腰部受力。孩子们上体育课时经常会双臂抱住膝盖，这种坐姿也很难保持身体平衡，容易脖子前倾或背部弯曲，因此并不推荐。

颈椎专用枕→×

颈椎与脊柱一样，正常情况下，从侧面看呈平缓的弧形。如果生理曲度变直甚至呈现后凸状态时，就会对颈部造成较大负担并引发不适。其原因并不在于颈部而在于胸椎，因此只针对颈部的"颈椎专用枕"并没有什么效果。

姿势矫正坐垫（姿势矫正椅）→△

现在市面上有不少矫正姿势的垫子和支撑椅。这两种产品在短期内都有一定的效果。不过，要注意臀部大小与垫子尺寸是否符合，以及使用时椅子整体的高度。

第6章

预防"手机脖"的颈椎操！让孩子从小做起来

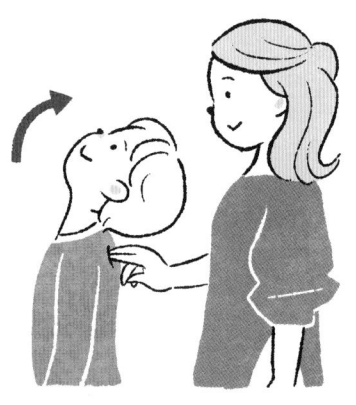

如今,脖子疼痛的大人和孩子越来越多。本章将为大家介绍一些简单的动作来预防、改善脖子前倾的"手机脖"。各位家长可以和孩子一起在学习或工作之余做一做,以便更好地休息放松。

第 6 章 预防"手机脖"的颈椎操！让孩子从小做起来

预防"手机脖"的小鸡操、海狮操与青蛙操

各位家长都听说过"手机脖"这个词吧。"手机脖"指的是因长时间低头看手机，颈部长时间前倾而导致的颈部不适和颈椎疾病。

颈椎本来的弧形，因为不正确的姿势与肌肉运动方式的影响而消失，甚至反弓的状态就叫作"颈椎生理曲度变直"。如今手机已经十分普及，受颈椎问题困扰的人也迅速增加，"手机脖"这个词就应运而生了。

有"手机脖"症状的人也几乎都是驼背。当肌肉与关节等失去平衡，无法保持良好的体态时，人就会出现背部弯曲、脖子前倾的情况，这两种情况的根本原因完全一致。

一旦形成"手机脖"，颈椎就无法很好地支撑头部的重

正常姿势（左）与脖子前倾时的姿势（右）

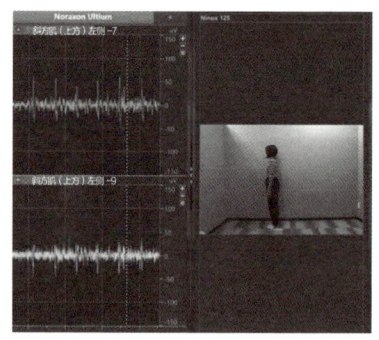
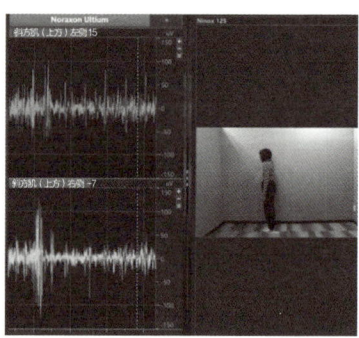

量。如此一来，就会加重颈椎负担，容易出现头痛、肩部僵硬等问题以及自主神经功能紊乱导致的身体不适等困扰。

可能有些家长认为："脖子只不过前倾了一点，会有这么大的影响吗？"上方的对比图展现了正常姿势（左）与脖子前倾（右）时身体所承受的负荷差异。

如图所示，脖子仅前倾一点，肌电图的波幅就大有不同，可见其对身体造成的负荷有明显的差异。

第6章 预防"手机脖"的颈椎操!让孩子从小做起来

◆ 通过3种动物颈椎操预防"手机脖"

不只是大人受到"手机脖"的困扰。最近,越来越多的孩子也经常觉得脖子疼痛。想想孩子们小小年纪就饱受颈椎痛的折磨,实在是太可怜了。他们未来的健康也着实令人担忧。

也有的家长觉得自家孩子没说过脖子疼,应该不要紧。可是,颈椎痛并不是由昨天、今天的习惯立刻引起的。当脖子前倾的习惯日积月累,可能过几年后,某天就会突然以疼痛的形式表现出来。

为了不让孩子被"手机脖"所困扰,现在就开始预防至关重要。

接下来,我将为大家介绍3种能预防"手机脖"的健身操,简单易学,随时随地都可以做。长时间使用手机、电脑或学习感到疲累时不妨试着做一做。这不仅能有效缓解肌肉酸痛、减轻身体负担,还能提神醒脑,让人感觉神清气爽。

预防"手机脖"的颈椎操① 小鸡操

1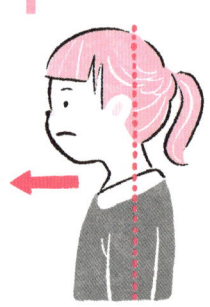

让孩子身体站直,仅头部向前伸出。

2

缓缓将头部收回,并尽可能向后拉,保持10秒。

要点

- 上半身保持不动,只有头部活动。
- 头部向后拉时,耳朵的位置应比肩部靠后。

第 6 章 预防"手机脖"的颈椎操!让孩子从小做起来

预防"手机脖"的颈椎操② 海狮操

让孩子身体站直,家长轻轻触摸孩子左右肩胛骨之间偏上的位置。

孩子以触摸的地方为支点向后仰,保持10秒。

要点

- 不只是颈部后仰,从脖子根部起的整个上半身都要后仰。
- 腰部不要后仰。
- 后仰时,注意面部与地面保持平行。

预防"手机脖"的颈椎操③
青蛙操

让孩子身体站直,双手高举过头,伸直手臂。

慢慢地垂直放下肘部,整个过程保持10秒。

要点

· 双手高举时,胳膊从耳朵后方向上伸直。
· 放下肘部时有意识地将背部肩胛骨内收。

第 6 章 预防"手机脖"的颈椎操！让孩子从小做起来

◆ 有驼背与"手机脖"的人，会因对位置的感知错误做出错误动作

做预防"手机脖"的颈椎操时，可以边照镜子边做，这样效果会更好。因为很多有驼背或"手机脖"的人在感知自己身体各部位位于何处时会产生错觉，从而做出错误的动作。

也就是说，在做这些动作时，需要清楚地确认"脖子与头应该在这里""身体本来的姿势是这样的"。

对照镜子，就不只是运用感觉，还能同时运用视觉确认位置。一边确认自己的姿势，一边做操，就能重新意识到"原来位置偏了这么多""这才是正确的位置"。

做海狮操时，如果去掉触摸背部支点的过程，结果差异会很明显。如果不指定背部支点，孩子就不能很好地后仰。因为孩子只会用脖子，即颈椎向后仰。孩子在后仰时，颈部后侧会出现较大的褶皱，而且面部只能仰到与地面呈倾斜夹角的程度。正是因为这种活动身体的方式形成

了坏习惯，才会导致"手机脖"。

而如果让孩子有意识地以背部的支点向后仰，和之前相比就能仰到更靠后的位置。因为此时颈椎根部附近的胸椎也会向后仰。 如果后仰时面部能与地面平行，那就非常标准地完成了"海狮操"的动作。

颈椎和胸椎一起活动，而不只是单纯地使用颈椎，这样颈部的负担就会大大减轻。

不仅是孩子，我建议各位家长也尝试做一做这些活动。在工作或家务之余做一做，无论是颈部还是其他身体部位都会得到放松。在公司的话，可以利用去洗手间的间隙，对着镜子做一做。如果在平时的生活中能够有意识地照镜子，也更容易保持良好的体态。

第6章 预防"手机脖"的颈椎操!让孩子从小做起来

预防驼背、促进长高的 3种基本运动

孩子都喜欢活动身体,无论在家还是在户外总是喜欢做各种运动。有时候看到孩子做出在大人看来特别困难的动作,大人也会感到非常惊讶,"他们的身体竟然能弯曲到不可思议的程度"。其实,对大人来说难度很高的运动或动作,对孩子而言不过是一种游戏而已。

本节我将介绍3种有助于预防驼背的基本运动,都是孩子们平时就喜欢玩的游戏。家长不妨和孩子一起尝试一下,相信孩子一定会开心地玩起来。

*以下运动均需在成人监护下完成,请根据孩子的身体状况合理安排。

拱桥运动

拱桥运动就是按照与驼背姿势完全相反的方向弯曲身体。这个运动能让胳膊保持伸直，还能充分锻炼背部的肌肉。

大人如果不经常运动，做拱桥运动时，身体各处的肌肉就会特别疼痛。不过孩子的身体柔韧性好，正常情况下不必过于担心。可以说，这个运动是提高背部柔韧性的最佳选择。当孩子做拱桥运动时，家长可以用手机拍下来，以激励孩子努力练习，做出漂亮的拱桥形状。

第6章 预防"手机脖"的颈椎操！让孩子从小做起来

倒立

姿势不端正时是无法完成倒立的。为了做好倒立，人在无意识中就会形成良好的姿势。和拱桥运动一样，这个运动能让胳膊保持伸直，还能充分锻炼背部的肌肉。

可以利用墙壁做"墙壁倒立"，孩子自己就能完成。当孩子成功完成倒立时，家长一定要及时称赞孩子，可以对孩子说"你真厉害！""姿势真漂亮！"

吊单杠

双手握住单杠保持悬空的姿势，人的身体就能自然地下垂，脊柱就能被拉直。这是因为在自重作用下，因驼背而萎缩的肌肉能够得到充分的拉伸。而且，害怕倒立、拱桥运动等动态运动的孩子也不会抵触静态的吊单杠。

如果没有悬垂健身器材，就无法在家做吊单杠，这倒是个难点。不过可以利用学校、公园或小区里常见的攀爬梯、肋木架等健身器材进行练习。

攀爬梯　　　　　　　肋木架

◆ **对矫正驼背有效的运动也能促进长高**

上面介绍的3种基本运动除了能够预防、矫正驼背,还具有促进长高的效果。因为这些运动能够有效促进骨骼和肌肉的发育。也就是说,会产生与"影响长高"(第026页介绍过)完全相反的效果。建议处于生长发育中的孩子在日常生活中多做这些运动。

第 7 章

如何帮助孩子
有效预防驼背

　　身体和心灵是相通的,体态也会受到心理状态的影响。大人如果能够理解并及时关注孩子的心理变化,也能帮助孩子有效预防驼背,让孩子的身心健康成长。

家长驼背,孩子也容易变成驼背

有不少家长以前也担心自己会变成驼背,小的时候也经常被父母提醒不要驼背。

针对孩子驼背现状的问卷调查显示,对于"父母中有一方是驼背吗"的问题,回答"妈妈是驼背或被认为是驼背"的比例为35.5%,回答"父母都是驼背或被认为是驼背"的比例为30.3%,回答"爸爸是驼背或被认为是驼背"的比例是14.5%。可以看到,==父母双方或任何一方是驼背或被认为是驼背的比例达到了80.3%。==

我在前言中介绍过,担心孩子驼背的家长比例接近80%。有这样担忧的家长很大概率自己也是驼背。

◆ 为什么驼背的孩子，其家长大多也是驼背呢？

不少人可能会认为驼背是遗传因素决定的。确实，孩子在骨骼、肌肉等身体的发育方面与父母都很相似。家长是驼背，孩子成为驼背的可能性也更高。

不过，遗传的影响最多只占20%。当然，关于遗传的影响有各种说法，特别是学习能力方面，有专家认为学习能力的遗传概率是50%~60%。

话虽如此，毕竟不是百分之百。也就是说，无论学习能力，还是驼背，都不一定会遗传给后代。

实际上，比驼背遗传论更有说服力的是"家庭环境论"。

我在前面已经介绍过，驼背的原因不在于骨骼和肌肉，而是骨盆。运动不足、身体使用不当等生活习惯都会导致驼背。

由此可以想到，**家长驼背，极有可能是因为他们在平时的生活中经常保持不良姿势。**

第 7 章 如何帮助孩子有效预防驼背

父母双方中哪一方是驼背？

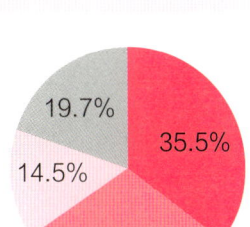

- 妈妈是驼背或被认为是驼背 35.5%
- 父母都是驼背或被认为是驼背 30.3%
- 爸爸是驼背或被认为是驼背 14.5%
- 其他 19.7%

生活在同一家庭环境中的孩子，很可能也会形成驼背习惯。

毫不夸张地说，每个孩子都是看着父母的背影长大的。如果父母一直驼背，那孩子就会认为这种姿势是理所当然的，并在脑海中深深烙下印记。驼背习惯自然也会成为孩子理所当然的习惯。

◆ 家长和孩子一起告别驼背吧

我的父亲就有严重的驼背。他是一名安装师傅,负责屋顶和外墙上的金属板材安装,由于大多需要高空作业,为防坠落父亲总是会佝偻着身体。他在加工金属板材时也常常弓着背,还有经常对别人鞠躬道歉的习惯,因此驼背姿势在他身上可以说是根深蒂固。

"有其父必有其子",我小时候也有驼背的习惯。因为家里十分狭小,我在家的活动空间就是围绕着榻榻米,还会经常盘腿而坐,对骨盆也不好。而且盖的是厚重的被子,睡觉时不好翻身。

我就是典型的"遗传"了父亲的驼背。可是,了解到驼背的根本原因在于骨盆,学会了按揉肌肉矫正骨盆的技术后,我成功告别了驼背。

驼背的主要原因是生活习惯,如果只是口头提醒孩子要端正姿势,无法从根本上解决问题。

最理想的是和孩子一起下定决心告别驼背,改变导致驼背的生活习惯与生活环境。

孩子看到家长的改变,也会努力改变自己,最终告别驼背。

驼背是反映心理的镜子

大家还记得我之前说过，没有自信的孩子更容易变成驼背吧。

很多孩子因为缺乏自信、内心不安、深感压力等心理问题，总是低着头、蜷缩着身体、缩着肩膀、弯着腰。这样的坏习惯最终导致驼背的形成。另外，很多驼背的孩子肠胃偏弱，说话声音也很小。

我之所以这么说，是因为我过去驼背时也是总缺乏自信。而我的妻子却总是自信满满，常常独自一人背上背包就去国外。她的体态特别端正。另外，我家共四个孩子，其中有两个孩子的体态很好，他们也非常自信。

只要稍微观察一下自己和周围的人，就能发现驼背与

第7章 如何帮助孩子有效预防驼背

心理因素有着密切的关联。==驼背是反映心理的镜子==。

可能有些家长会担心："即使做拉伸矫正骨盆，按揉大腿肌肉增强柔韧性，孩子缺乏自信的话，那是不是也无法改善驼背？"

各位家长无须担心，这种情况，孩子的驼背并非无法得到改善。心理因素虽然会影响体态，但造成驼背的关键还是肌肉、骨骼等物理性原因。只要孩子好好拉伸，就一定能够得到改善。

不过，如果孩子的驼背习惯没有纠正过来，比如低着头、蜷缩着身体、缩着肩膀、弯腰驼背，就可能无法矫正驼背。即便做拉伸，也是收效甚微。

因此，想要帮助孩子真正矫正驼背，在做拉伸的同时，父母还应多关注孩子的心理问题。

如何与孩子相处，才能不让孩子变成驼背

想和孩子用心相处，真不是那么容易的事呢！

最重要的是，父母要认识到，孩子其实比我们大人所认为的更容易感到紧张和焦虑。

"老师生气了""和朋友吵架了""参加运动会等活动时，害怕被别人嘲笑""快考试了"等常见的事情，都会引起孩子的紧张与不安。

说到这里，我家读初中三年级的大女儿有一天就紧张不安地跟我说："校长让我去办公室谈一谈毕业后的打算，我该怎么办？"可能在大人看来，只是觉得校长想确认一些什么事情，但对孩子来说，被校长叫去谈话却是了不得的大事。

而且，当人感到紧张或害怕时，这些情绪会直接影响

人的体态。感到不安时,人就会佝偻着身体;感到害怕时,人就会缩着肩膀。孩子简单直接,他们的身体和心理会相互影响。

我家孩子也是这样,每天与家人的互动都影响着他们的身心。==爸爸妈妈生气时,他们就会反射性地蜷缩着身子;遇到伤心的事情时,他们就会低头不语。==因此,家长在和孩子相处的过程中,要多多关注孩子的心理变化。

来整骨院矫正驼背的孩子中,很多孩子看起来都毫无自信、身体紧缩。

虽然都是些特别微小的细节,但我希望家长不要对孩子大声吼叫、不要骂孩子,要多给他们一些肯定。==在和孩子说话、相处的过程中培养孩子的自我认同感。==

也许有的家长听说过这样的说法,"孩子的自信来源于家人的爱"。童年时代是否受到家人精心的呵护、亲情的倾注,会决定孩子是否具有自信与自我认同感。

◆ 观察一下孩子在和你相处时的身体反应吧

我想,这个世界上基本没有不疼爱、不珍视自己孩子的父母。

不过,至于能否让孩子真实感受到这份亲情,那就是另外一回事了。要让孩子切身感受到这份亲情,在和孩子相处时,父母就应该时刻提醒自己不要做出让孩子感到畏缩和害怕的事情。这也是我每天都在提醒自己的事情。

当然,在实际养育孩子的过程中,完全不责备孩子还是很困难的。我们可以提醒自己不对孩子大声吼叫,不过分责备孩子,要认可孩子,并时刻关注他们的身体和情绪状态。比如在和我们相处时是不是怯生生的,有没有畏缩等身体反应。

第7章 如何帮助孩子有效预防驼背

如果发现孩子老低着头、缩着肩膀,就要提醒自己"可能是过分责骂孩子了,孩子会变成驼背的",学会克制自己的怒气。

关于大人驼背,可能有些家长会觉得自己小时候没有得到父母的关爱和及时的纠正,如今已经无法挽回,驼背也无法得到改善了。有这种想法的人还请再次回想一下父母的心意。

和你自己一样,你的父母肯定也是珍视、疼爱孩子的。即使可能表现得很冷淡,也一定饱含着良苦用心。

我也曾觉得驼背的父亲很窝囊。可是,如今我已深深懂得并感激为养家糊口而竭尽全力的父亲。

父亲正是为了保护家人才努力工作,也正是为了将我抚养长大才操劳奔波。我在试图理解父亲角色的过程中,明白自己是受到父母关爱的。我终于与自己和解,与父亲和解,变得更加自信。自此,我从身心两方面,彻底告别了驼背。

矫正驼背的最佳时机也许并不是现在

之前我介绍过,在5—12岁的"黄金年龄"期间,孩子会掌握活动身体的方式,并为以后的运动打好基础。而且,驼背会影响身体发育的速度,最好在身体发育的黄金期加以矫正。

我想,几乎所有的家长都希望孩子尽可能避免驼背习惯,通过拉伸和日常生活中的良好习惯保持良好的体态吧。可是,正如我在前面多次说过的那样,孩子并不会像家长期待的那样去做。

特别是那些因为心理问题而驼背的孩子,无论如何注意生活习惯都无法矫正驼背。或者,还有些孩子自己并没有想要改善驼背的意愿,对拉伸、按摩操等也不配合。

遇到这些情况,家长肯定非常焦虑与担心,但其实

第7章 如何帮助孩子有效预防驼背

"放手"可能才是最好的选择。

因为对这类孩子来说,父母越唠叨,他们越嫌烦,进而变得更加叛逆,最后只会起到反效果。

◆ 孩子开窍的时间各不相同,因人而异

我家的四个孩子中有两个是驼背,但我并没有积极对他们进行驼背矫正。因为孩子本人并没有矫正的意愿,如果我唠唠叨叨,这样不仅完全没有效果,还会对亲子关系造成不好的影响。

勉强孩子之所以会导致亲子关系恶劣,是因为孩子无法切身感受家长要求他们做某事的好处,无法感受来自家长的关爱,对自己也缺乏自信和自我认同感。这对于矫正驼背而言是十分不利的。

因此,我虽然是矫正驼背的专家,但并没有强迫我的两个孩子进行驼背矫正。我打算等孩子本人说想要矫正驼背后,再全力帮助他们。

孩子的未来如何、想要过怎样的生活,方法都掌握在

==他们自己手中,他们何时才能充满自信、希望自己做出改变是因人而异的。==有的孩子从小就自信满满、目标明确,有的孩子则要等到一定的年龄,还有的孩子直到长大成人后才能觉醒。

如果这样的时机到来,由心理问题导致的驼背自然就会得到改善,至少孩子自己产生了想要矫正的意愿。到那时,父母再和孩子一起拉伸,教孩子矫正驼背的方法吧。

不强迫孩子矫正驼背,而是相信孩子,等待孩子自己认识到需要做出改变。父母只需静静等待那个时机的到来。我想,这也是为人父母对孩子的爱吧。

先从"挺起胸膛"开始

都说孩子是看着父母的背影长大的。其实,这并不仅指父母本身的背部姿势。父母本人为矫正驼背而努力的态度,对孩子也会有不小的影响。

另外,从更深一层的意义上来说,"家长的生活态度"也很重要。在我的整骨院与研究所里,很多员工也有孩子。我常常和他们讲,要"挺起胸膛"。

我在前面已经讲过,驼背的孩子大多对自己没有自信,容易紧张不安。对于这样的孩子,最有效的办法就是父母挺起胸膛,让孩子看到自己自信满满的姿态。只是这样,就能让孩子备受鼓舞。

特别是在孩子小的时候,很容易将妈妈当作自己的精神支柱。虽然妈妈对孩子有各种担心与忧虑，但在孩子面前呈现自信满满、毫不动摇的姿态非常重要。

很多妈妈除了育儿、做家务，还要兼顾工作，因此常常疲惫不堪，但我希望妈妈们一定要挺起胸膛来。因为你是孩子最大的精神支柱。

另一方面，我也希望爸爸们多向孩子展露心胸开阔、堂堂正正的一面，让孩子以你为榜样。你可能会因为孩子说"更希望和妈妈而不是爸爸一起做拉伸"而失望，但爸爸们的用武之地还有很多，比如可以为孩子挑选预防驼背的生活用品等。

无论是爸爸还是妈妈，都要挺起胸膛，为孩子打造避免形成驼背的环境，帮助孩子养成良好的生活习惯。这样的态度将会成为孩子的榜样，影响孩子的生活态度。

后记

◆ 驼背对人生的影响

我曾因为驼背放弃过梦想。

我曾经梦想成为一名棒球运动员。可是,还在高中阶段我就早早放弃了这个梦想。因为驼背导致的身体不适,让我无法坚持运动。

步入社会后,我意识到驼背是"万恶之源"。当时在高中时,我总是没由来地腰痛,根本无法持续练球。

我从小学三年级开始就喜欢上了棒球,后来下定决心再也不打球时内心是非常难过的。而且,看到实力不如自己的队友升为正式球员,就不禁会想"要是当时腰不疼我也……"打心底感到不甘。

除了腰痛以外，我还出现了肘部疼痛、一跑起来就恶心等各种不适。去医院检查也找不到任何原因，周围的人觉得我弱不禁风。

直到我成为体型矫正师在整骨院工作后，我才知道这一切的原因在于驼背。当时我的老师——整骨院的院长告诉我，我的腰痛是驼背造成的。

他告诉我驼背是因为骨盆前倾、腰曲过大，我不禁恍然大悟。从高中开始我就想要改善腰痛，学习并研究各种资料，但当时就是没想到这一点，因此大受冲击。遇到这位老师并承蒙他的教导，我才能成为驼背矫正师。

如果在高中就发现腰痛的原因是驼背，我一定会想办法矫正驼背。我的父母也一定会为治好我的驼背而努力。

然而，遗憾的是，谁都没有发现驼背是导致我腰痛的罪魁祸首，我也不得不放弃了自己的梦想。

后记

◆ 为孩子创造实现梦想的环境,是家长的使命

除了腰痛以外,驼背还会给身体带来各种不适。而且,这种日积月累的影响,大多会在某一天突然来袭。

孩子肯定也有他将来想干的、想学的、想从事的工作等各种梦想,比如"想成为钢琴家""想环游世界""想成为糕点师"。

实现梦想最重要的资本是身心健康。因受伤、生病等各种不适而放弃梦想、遭遇失败会让人痛心疾首。家长一定不希望让自己的孩子留下惨痛的回忆吧。

当然,无论再怎么小心,人都免不了会生病、受伤。可是,驼背是能预防的。如果能够预防驼背,却因为不知道方法或者不了解驼背对健康的影响,导致孩子不得不放弃梦想,那就太可惜了。

近年来,在环境与经济领域,"可持续发展目标(Sustainable Development Goals,简称SDGs)"受到广

泛重视。为实现梦想而付诸可持续的努力，其基础就是身心健康。身心健康不是一天就能造就的，梦想也不是一天就能实现的。为孩子奠定健康的基础，对孩子而言就是最好的可持续发展目标。

最后，在本书出版之际，我得到了神吉出版社镰田菜央美老师的大力帮助。在本书结构、编辑方面，撰稿的村上杏菜老师付出了很大的努力。另外，在插图、设计方面，小山萌老师、石山沙兰老师、藤塚尚子老师也给予了大力支持。

拙作成书，完全仰赖他们的力量。

另外，这本书也献给在创造健康（BODY SPROUT）公司一直努力工作的各位员工们，希望本书中"活在当下，活出未来"的态度能帮助大家实现目标。特别是24位宝妈员工，她们努力工作的同时还要兼顾家务、育儿，这些我都看在眼里。这本书也饱含着我对她们的感谢之情。

同时，我也要对我的妻子表示感谢。谢谢她为我们全

后记

体员工提供心灵上的支撑。

我的四个孩子们,为了让你们无论处于怎样的环境都能昂首挺胸地生活,从今往后我要继续为你们展露"抬头挺胸"的生活态度。

希望本书能帮助更多想要矫正孩子驼背的家长,让越来越多的孩子实现梦想。

小林笃史

快读·慢活®

从出生到少女,到女人,再到成为妈妈,养育下一代,女性在每一个重要时期都需要知识、勇气与独立思考的能力。

"快读·慢活®"致力于陪伴女性终身成长,帮助新一代中国女性成长为更好的自己。从生活到职场,从美容护肤、运动健康到育儿、家庭教育、婚姻等各个维度,为中国女性提供全方位的知识支持,让生活更有趣,让育儿更轻松,让家庭生活更美好。